心一堂術數古籍珍本叢刊

書名：《掌形哲學》附《世界名人掌形》《小傳》
系列：心一堂術數古籍珍本叢刊　第二輯　相術類　153
作者：【民國】佘萍客
主編、責任編輯：陳劍聰
心一堂術數古籍珍本叢刊編校小組：陳劍聰　素聞　鄒偉才　虛白盧主

出版：心一堂有限公司
通訊地址：香港九龍旺角彌敦道六一〇號荷李活商業中心十八樓〇五—〇六室
深港讀者服務中心·中國深圳市羅湖區立新路六號羅湖商業大厦負一層〇〇八室
電話號碼：(852)67150840
網址：publish.sunyata.cc
電郵：sunyatabook@gmail.com
網店：http://book.sunyata.cc
淘寶店地址：https://shop210782774.taobao.com
微店地址：https://weidian.com/s/1212826297
臉書：https://www.facebook.com/sunyatabook
讀者論壇：http://bbs.sunyata.cc/

版次：二零一九年二月初版
平裝

定價：港幣　一百九十八元正
　　　新台幣　七百九十八元正

國際書號：ISBN 978-988-8582-39-6

香港發行：香港聯合書刊物流有限公司
地址：香港新界大埔汀麗路36號中華商務印刷大厦3樓
電話號碼：(852)2150-2100
傳真號碼：(852)2407-3062
電郵：info@suplogistics.com.hk

台灣發行：秀威資訊科技股份有限公司
地址：台灣台北市內湖區瑞光路七十六巷六十五號一樓
電話號碼：+886-2-2796-3638
傳真號碼：+886-2-2796-1377
網絡書店：www.bodbooks.com.tw
台灣國家書店讀者服務中心：
地址：台灣台北市中山區松江路二〇九號一樓
電話號碼：+886-2-2518-0207
傳真號碼：+886-2-2518-0778
網絡書店：http://www.govbooks.com.tw

中國大陸發行　零售：深圳心一堂文化傳播有限公司
深圳地址：深圳市羅湖區立新路六號羅湖商業大厦負一層〇〇八室
電話號碼：(86)0755-82224934

心一堂微店二維碼

心一堂淘寶店二維碼

心一堂術數古籍 珍本 整理 叢刊 總序

術數定義

術數，大概可謂以「推算（推演）、預測人（個人、群體、國家等）、事、物、自然現象、時間、空間方位等規律及氣數，並或通過種種『方術』，從而達致趨吉避凶或某種特定目的」之知識體系和方法。

術數類別

我國術數的內容類別，歷代不盡相同，例如《漢書・藝文志》中載，漢代術數有六類：天文、曆譜、五行、蓍龜、雜占、形法。至清代《四庫全書》，術數類則有：數學、占候、相宅相墓、占卜、命書、相書、陰陽五行、雜技術等，其他如《後漢書・方術部》、《藝文類聚・方術部》、《太平御覽・方術部》等，對於術數的分類，皆有差異。古代多把天文、曆譜、及部分數學均歸入術數類，而民間流行亦視傳統醫學作為術數的一環；此外，有些術數與宗教中的方術亦往往難以分開。現代民間則常將各種術數歸納為五大類別：命、卜、相、醫、山，通稱「五術」。

本叢刊在《四庫全書》的分類基礎上，將術數分為九大類別：占筮、星命、相術、堪輿、選擇、三式、讖諱、理數（陰陽五行）、雜術（其他）。而未收天文、曆譜、算術、宗教方術、醫學。

術數思想與發展——從術到學，乃至合道

我國術數是由上古的占星、卜筮、形法等術發展下來的。其中卜筮之術，是歷經夏商周三代而通過「龜卜、蓍筮」得出卜（筮）辭的一種預測（吉凶成敗）術，之後歸納並結集成書，此即現傳之《易

經》。經過春秋戰國至秦漢之際，受到當時諸子百家的影響、儒家的推崇，遂有《易傳》等的出現，原本是卜筮術書的《易經》，被提升及解讀成有包涵「天地之道（理）」之學。因此，《易·繫辭傳》曰：「易與天地準，故能彌綸天地之道。」

漢代以後，易學中的陰陽學說，與五行、九宮、干支、氣運、災變、律曆、卦氣、讖緯、天人感應說等相結合，形成易學中象數系統。而其他原與《易經》本來沒有關係的術數，如占星、形法、選擇，亦漸漸以易理（象數學說）為依歸。《四庫全書·易類小序》云：「術數之興，多在秦漢以後。要其旨，不出乎陰陽五行，生尅制化。實皆《易》之支派，傳以雜說耳。」至此，術數可謂已由「術」發展成「學」。

及至宋代，術數理論與理學中的河圖洛書、太極圖、邵雍先天之學及皇極經世等學說給合，通過術數以演繹理學中「天地中有一太極，萬物中各有一太極」（《朱子語類》）的思想。術數理論不單已發展至十分成熟，而且也從其學理中衍生一些新的方法或理論，如《梅花易數》、《河洛理數》等。

在傳統上，術數功能往往不止於僅僅作為趨吉避凶的方術，及「能彌綸天地之道」的學問，亦有其「修心養性」的功能，「與道合一」（修道）的內涵。《素問·上古天真論》：「上古之人，其知道者，法於陰陽，和於術數。」數之意義，不單是外在的算數、歷數、氣數，而是與理學中同等的「道」、「理」--心性的功能，北宋理氣家邵雍對此多有發揮：「聖人之心，是亦數也」、「萬化萬事生乎心」、「心為太極」。《觀物外篇》：「先天之學，心法也。……蓋天地萬物之理，盡在其中矣，心一而不分，則能應萬物。」反過來說，宋代的術數理論，受到當時理學、佛道及宋易影響，認為心性本質上是等同天地之太極。天地萬物氣數規律，能通過內觀自心而有所感知，即是內心也已具備有術數的推演及預測、感知能力；相傳是邵雍所創之《梅花易數》，便是在這樣的背景下誕生。

《易·文言傳》已有「積善之家，必有餘慶；積不善之家，必有餘殃」之說，至漢代流行的災變說及讖緯說，我國數千年來都認為天災，異常天象（自然現象），皆與一國或一地的施政者失德有關；下至家族、個人之盛衰，也都與一族一人之德行修養有關。因此，我國術數中除了吉凶盛衰理數之外，人心的德行修養，也是趨吉避凶的一個關鍵因素。

術數與宗教、修道

在這種思想之下，我國術數不單只是附屬於巫術或宗教行為的方術，又往往是一種宗教的修煉手段--通過術數，以知陰陽，乃至合陰陽（道）。「其知道者，法於陰陽，和於術數。」例如，「奇門遁甲」術中，即分為「術奇門」與「法奇門」兩大類。「法奇門」中有大量道教中符籙、手印、存想、內煉的內容，是道教內丹外法的一種重要外法修煉體系。甚至在雷法一系的修煉上，亦大量應用了術數內容。此外，相術、堪輿術中也有修煉望氣（氣的形狀、顏色）的方法；堪輿家除了選擇陰陽宅之吉凶外，也有道教中選擇適合修道環境（法、財、侶、地中的地）的方法，以至通過堪輿術觀察天地山川陰陽之氣，亦成為領悟陰陽金丹大道的一途。

易學體系以外的術數與的少數民族的術數

我國術數中，也有不用或不全用易理作為其理論依據的，如揚雄的《太玄》、司馬光的《潛虛》。也有一些占卜法、雜術不屬於《易經》系統，不過對後世影響較少而已。

外來宗教及少數民族中也有不少雖受漢文化影響（如陰陽、五行、二十八宿等學說。）但仍自成系統的術數，如古代的西夏、突厥、吐魯番等占卜及星占術，藏族中有多種藏傳佛教占卜術、苯教占卜術、擇吉術、推命術、相術等；北方少數民族有薩滿教占卜術；不少少數民族如水族、白族、布朗族、佤族、彝族、苗族等，皆有占雞（卦）草卜、雞蛋卜等術，納西族的占星術、占卜術，彝族畢摩的推命術、占卜術……等等，都是屬於《易經》體系以外的術數。相對上，外國傳入的術數以及其理論，對我國術數影響更大。

曆法、推步術與外來術數的影響

我國的術數與曆法的關係非常緊密。早期的術數中，很多是利用星宿或星宿組合的位置（如某星在某州或某宮某度）付予某種吉凶意義，并據之以推演，例如歲星（木星）、月將（某月太陽所躔之宮次）等。不過，由於不同的古代曆法推步的誤差及歲差的問題，若干年後，其術數所用之星辰的位置，已與真實星辰的位置不一樣了；此如歲星（木星），早期的曆法及術數以十二年為一周期（以應地支），與木星真實周期十一點八六年，每幾十年便錯一宮。後來術家又設一「太歲」的假想星體來解決，是歲星運行的相反，週期亦剛好是十二年。而術數中的神煞，很多即是根據太歲的位置而定。又如六壬術中的「月將」，原是立春節氣後太陽躔娵訾之次而稱作「登明亥將」，至宋代，因歲差的關係，要到雨水節氣後太陽才躔娵訾之次，當時沈括提出了修正，但明清時六壬術中「月將」仍然沿用宋代沈括修正的起法沒有再修正。

由於以真實星象周期的推步術是非常繁複，而且古代星象推步術本身亦有不少誤差，大多數術數除依曆書保留了太陽（節氣）、太陰（月相）的簡單宮次計算外，漸漸形成根據干支、日月等的各自起例，以起出其他具有不同含義的眾多假想星象及神煞系統。唐宋以後，我國絕大部分術數都主要沿用這一系統，也出現了不少完全脫離真實星象的術數，如《子平術》、《紫微斗數》、《鐵版神數》等。後來就連一些利用真實星辰位置的術數，如《七政四餘術》及選擇法中的《天星選擇》，也已與假想星象及神煞混合而使用了。

隨着古代外國曆（推步）、術數的傳入，如唐代傳入的印度曆法及術數，元代傳入的回回曆等，其中我國占星術便吸收了印度占星術中羅睺星、計都星等而形成四餘星，又通過阿拉伯占星術而吸收了其中來自希臘、巴比倫占星術的黃道十二宮、四大（四元素）學說（地、水、火、風），並與我國傳統的二十八宿、五行說、神煞系統並存而形成《七政四餘術》。此外，一些術數中的北斗星名，不用我國傳統的星名：天樞、天璇、天璣、天權、玉衡、開陽、搖光，而是使用來自印度梵文所譯的：貪狼、巨門、祿存、文曲，廉貞、武曲、破軍等，此明顯是受到唐代從印度傳入的曆法及占星術所影響。如星命術中的《紫微斗數》及堪輿術中的《撼龍經》等文獻中，其星皆用印度譯名。及至清初《時憲曆》，置閏之法則改用西法「定氣」。清代以後的術數，又作過不少的調整。

此外，我國相術中的面相術、手相術，唐宋之際受印度相術影響頗大，至民國初年，又通過翻譯歐西、日本的相術書籍而大量吸收歐西相術的內容，形成了現代我國坊間流行的新式相術。

陰陽學——術數在古代、官方管理及外國的影響

術數在古代社會中一直扮演着一個非常重要的角色，影響層面不單只是某一階層、某一職業、某一年齡的人，而是上自帝王，下至普通百姓，從出生到死亡，不論是生活上的小事如洗髮、出行等，大事如建房、入伙、出兵等，從個人、家族以至國家，從天文、氣象、地理到人事、軍事，從民俗、學術到宗教，都離不開術數的應用。我國最晚在唐代開始，已把以上術數之學，稱作陰陽（學），行術數者稱陰陽人。（敦煌文書、斯四三二七唐《師師漫語話》：「以下說陰陽人謾語話」，此說法後來傳入日本，今日本人稱行術數者為「陰陽師」）。一直到了清末，欽天監中負責陰陽術數的官員中，以及民間術數之士，仍名陰陽生。

古代政府的中欽天監（司天監），除了負責天文、曆法、輿地之外，亦精通其他如星占、選擇、堪輿等術數，除在皇室人員及朝庭中應用外，也定期頒行日書、修定術數，使民間對於天文、日曆用事吉凶及使用其他術數時，有所依從。

我國古代政府對官方及民間陰陽學及陰陽官員，從其內容、人員的選拔、培訓、認證、考核、律法監管等，都有制度。至明清兩代，其制度更為完善、嚴格。

宋代官學之中，課程中已有陰陽學及其考試的內容。（宋徽宗崇寧三年〔一一零四年〕崇寧算學令：「諸學生習……並曆算、三式、天文書。」「諸試……三式即射覆及預占三日陰陽風雨。天文即預

定一月或一季分野災祥，並以依經備草合問為通。」

金代司天臺，從民間「草澤人」（即民間習術數人士）考試選拔：「其試之制，以《宣明曆》試推步，及《婚書》、《地理新書》試合婚、安葬，並《易》筮法，六壬課、三命、五星之術。」（《金史》卷五十一・志第三十二・選舉一）

元代為進一步加強官方陰陽學對民間的影響、管理、控制及培育，除沿襲宋代、金代在司天監掌管陰陽學及中央的官學陰陽學課程之外，更在地方上增設陰陽學課程（《元史・選舉志一》：「世祖至元二十八年夏六月始置諸路陰陽學。」）地方上也設陰陽學教授員，培育及管轄地方陰陽人。（《元史・選舉志一》：「（元仁宗）延祐初，令陰陽人依儒醫例，於路、府、州設教授員，凡陰陽人皆管轄之，而上屬於太史焉。」）自此，民間的陰陽術士（陰陽人），被納入官方的管轄之下。

至明清兩代，陰陽學制度更為完善。中央欽天監掌管陰陽學，明代地方縣設陰陽學正術，各州設陰陽學典術，各縣設陰陽學訓術。陰陽人從地方陰陽學肄業或被選拔出來後，再送到欽天監考試。（《大明會典》卷二二三：「凡天下府州縣舉到陰陽人堪任正術等官者，俱從吏部送（欽天監），考中，送回選用；不中者發回原籍為民，原保官吏治罪。」）清代大致沿用明制，凡陰陽術數之流，悉歸中央欽天監及地方陰陽官員管理、培訓、認證。至今尚有「紹興府陰陽印」、「東光縣陰陽學記」等明代銅印，及某某縣某某之清代陰陽執照等傳世。

清代欽天監漏刻科對官員要求甚為嚴格。《大清會典》「國子監」規定：「凡算學之教，設肄業生。滿洲十有二人，蒙古、漢軍各六人，於各旗官學內考取。漢十有二人，於舉人、貢監生童內考取。附學生二十四人，由欽天監選送。教以天文演算法諸書，五年學業有成，舉人引見以欽天監博士用，貢監生童以天文生補用。」學生在官學肄業、貢監生肄業或考得舉人後，經過了五年對天文、算法、陰陽學的學習，其中精通陰陽術數者，會送往漏刻科。而在欽天監供職的官員，《大清會典則例》「欽天監」規定：「本監官生三年考核一次，術業精通者，保題升用。不及者，停其升轉，再加學習。如能黽勉供職，即予開復。仍不及者，降職一等，再令學習三年，能習熟者，准予開復，仍不能者，黜退。」除定期考核以定其升用降職外，《大清律例》中對陰陽術士不準確的推斷（妄言禍福）是要治罪的。《大清律例・一七八・術七・妄言禍福》：「凡陰陽術士，不許於大小文武官員之家妄言禍福，違者杖一百。其依經推算星命卜課，不在禁限。」大小文武官員延請的陰陽術士，自然是以欽天監漏刻科官員或地方陰陽官員為主。

官方陰陽學制度也影響鄰國如朝鮮、日本、越南等地，一直到了民國時期，鄰國仍然沿用着我國的多種術數。而我國的漢族術數，在古代甚至影響遍及西夏、突厥、吐蕃、阿拉伯、印度、東南亞諸國。

術數研究

術數在我國古代社會雖然影響深遠，「是傳統中國理念中的一門科學，從傳統的陰陽、五行、九宮、八卦、河圖、洛書等觀念作大自然的研究。……傳統中國的天文學、數學、煉丹術等，要到上世紀中葉始受世界學者肯定。可是，術數還未受到應得的注意。術數在傳統中國科技史、思想史，文化史、社會史，甚至軍事史都有一定的影響。……更進一步了解術數，我們將更能了解中國歷史的全貌。」（何丙郁《術數、天文與醫學中國科技史的新視野》，香港城市大學中國文化中心。）

可是術數至今一直不受正統學界所重視，加上術家藏秘自珍，又揚言天機不可洩漏，「（術數）乃吾國科學與哲學融貫而成一種學說，數千年來傳衍嬗變，或隱或現，全賴一二有心人為之繼續維繫，賴以不絕，其中確有學術上研究之價值，非徒癡人說夢，荒誕不經之謂也。其所以至今不能在科學中成立一種地位者，實有數因。蓋古代士大夫階級目醫卜星相為九流之學，多恥道之；而發明諸大師又故為惝恍迷離之辭，以待後人探索；間有一二賢者有所發明，亦秘莫如深，既恐洩天地之秘，復恐譏為旁門左道，始終不肯公開研究，成立一有系統說明之書籍，貽之後世。故居今日而欲研究此種學術，實一極困難之事。」（民國徐樂吾《子平真詮評註》，方重審序）

現存的術數古籍，除極少數是唐、宋、元的版本外，絕大多數是明、清兩代的版本。其內容也主要是明、清兩代流行的術數，唐宋或以前的術數及其書籍，大部分均已失傳，只能從史料記載、出土文獻、敦煌遺書中稍窺一鱗半爪。

術數版本

坊間術數古籍版本，大多是晚清書坊之翻刻本及民國書賈之重排本，其中豕亥魚魯，或任意增刪，往往文意全非，以至不能卒讀。現今不論是術數愛好者，還是民俗、史學、社會、文化、版本等學術研究者，要想得一常見術數書籍的善本、原版，已經非常困難，更遑論如稿本、鈔本、孤本等珍稀版本。在文獻不足及缺乏善本的情況下，要想對術數的源流、理法、及其影響，作全面深入的研究，幾不可能。

有見及此，本叢刊編校小組經多年努力及多方協助，在海內外搜羅了二十世紀六十年代以前漢文為主的術數類善本、珍本、鈔本、孤本、稿本、批校本等數百種，精選出其中最佳版本，分別輯入兩個系列：

一、心一堂術數古籍珍本叢刊

二、心一堂術數古籍整理叢刊

前者以最新數碼（數位）技術清理、修復珍本原本的版面，更正明顯的錯訛，部分善本更以原色彩色精印，務求更勝原本。并以每百多種珍本、一百二十冊為一輯，分輯出版，以饗讀者。

後者延請、稿約有關專家、學者，以善本、珍本等作底本，參以其他版本，古籍進行審定、校勘、注釋，務求打造一最善版本，方便現代人閱讀、理解、研究等之用。

限於編校小組的水平，版本選擇及考證、文字修正、提要內容等方面，恐有疏漏及舛誤之處，懇請方家不吝指正。

心一堂術數古籍 珍本／整理 叢刊編校小組

二零零九年七月序

二零一四年九月第三次修訂

掌形哲學

附編

世界名人掌形附小傳

掌形哲學目錄

附編　世界名人掌形附小傳目錄

序

著者研究心靈科學垂三十年，舉凡心靈學催眠術變態心理學犯罪心理學各種專門學問，罔不偏加涉獵；所研究皆與相人術及指紋學發生關係，故不能不研究及之。

著者素以服務社會為職志，深願竭其所能，貢獻當世。溯自民初在東京與友好組織「留日中國心靈研究會」，首以催眠學知識灌輸國人，民七中國心靈研究會遷回祖國設在上海，又繼續編著催眠術心靈學變態心理學犯罪心理學等書，凡四五十種，皆委託上海心靈科學書局出版。三十年來，亟欲本諸個人研究心得，另寫掌形學及個性指紋學兩種書籍，以應社會需要。其關於掌形與個性指紋部門，除本諸師法與自己經驗之外，另得珍貴材料，已積有中外祕籍數十册，文字數百萬言，乃因環境關係，限於時間及業務，勞人草草，材料無暇整理，出版計劃難於實現，每一念及，殊覺汗顏。

迨前三年戰事發生，困居海上，俗務略稀，重以友好敦促，乃將舊稿加以整理，於是掌形哲學與個性指紋兩書竟能先後殺青，已付刊出版。其較為深奥，能作進一步研究之掌形學，大部份亦已脫稿，卅年宿願，償於一旦，不可謂非亂世差强人意之事。

倘國内外同好，不吝珠玉，對於涉及本書之問題，有所討論，則著者極表歡迎！蓋學術乃天下公器，必賴多方宣揚，反復推闡，而後始能發揮光大。鄙見如此，深盼明達之士有以指正，則拜受其賜者匪特著者一人已也。

中華民國三十年一月一日

中山縣・余萍客

掌形哲學

概論

掌形：爲人類性格最明顯之表徵，此一研究，在學術中爲最有趣味之一部門，足爲吾人了解別一人及別種民族之助力。且吾人本身之性格若何，亦亟願檢舉自己掌形之表徵，以期應付由於性格之殊異所影響於命運之遭遇，是則此項研究與吾人之關係，既重且大，甯可忽視之乎？

羅斯福 Roosevelt 總統何以物望所歸，三度獲選？希特勒 Hitler 元首墨索里尼 Mussolini 首相何以爲世界大戰之主角？彼等神經方面，具有何等異常稟賦，吾人雖不能知；但若檢視其掌紋，卽可獲得答案。

人體以頭腦爲神經中樞，司思想及各種精神活動，而以手爲思想與行爲之媒介。手之各部，滿布神經，直達腦際；一切行爲，胥賴手之活動，得以見諸事實。其形態足以象徵人之性格，身世與命運。

世間不少口是心非之徒，翻雲覆雨，貌似長厚，極難加以辨別，但其掌紋絕非可任意改變者。手紋爲個人性格之眞實表現，乃由遺傳習慣環境所形成，非一朝一夕之事。瞭解掌形者，可爲健康之指導。人將患某種病症，無論由於遺傳或其他原因，由於先天的易於傳染或後天的縱慾戕賊，均不難從事推測，而知所預防。

瞭解掌形者，又可爲選擇職業之助。人間悲劇，無過於擇業不愼！青年就業，往往漫無目的，輕於去就。即發現職業對於個性不合，亦不能當機立斷，毅然擺脫；以致遷延歲月，一事無成。迨年華老大，雖有另圖發展之雄心，以精力日衰，遂不得不託諸空想。苟於掌形有眞正認識者，始能避免此種悲劇。

瞭解掌形者，更可助吾人發現一己之特長，俾於各種事業，知於何者最有成功之把握。他如由掌形看出對偶是否志趣相同，能偕白首；同僚是否政見一致，可相合作；事上臨下，與交際場中，無一不可利用，以防止他日事變之發生。

蓋趨吉避凶，人之常情，初民自有歷史以來，卽從事於種種推斷之術。古代之賢哲卜者及預言家，類多用各種方法，各本其見地以預測將來。有由於手掌形態及其紋理求出個別性格從而判斷命運，乃此中最顯著最有可徵之玄妙哲學。

掌形哲學，由於若干先哲，積畢生研究之心得，貽諸後世，貢獻殊鉅。彼等以爲宇宙間諸大星體，若金星，若木星，若水星，若火星，若土星，若日月，於人類罔不發生密切之關係與影響。

吾人研究任何學問，不能忽視其與他種科學所生之聯繫，更不能捨棄前人研究所得之成績，故星相學對於掌形有若干基本法則，吾人除另有新發明及別闢新解外仍當充分利用之也。星相家言：天空主要星體，若金、木、水、火、土、諸星與日、月，與人類之生命均有相當關係，人之賢愚窮通，無往而不受其支配；而就掌形之立場言之，根據觀察與研究之結果，手掌之各項特徵，與其人之氣質相表裏。此類特徵，胥出自天賦，亦與諸大星體發生重大關係，一手掌之上，可以某某部位屬於某某星體。是則掌形哲學溯源於星象，實無可否認之事。所以掌形各部位名稱，今日仍本舊時之稱謂。

掌形哲學，具有悠久之歷史，導源於古代之巫祝，祭師，星象家，繼爲亞西尼人 Assyrians，克爾第人 Chaldeans，希伯來人 Hebrews，羅馬人，及印度人所熱烈研究；降至中世紀，其在學術界之地位，日臻穩固，被視爲值得研究之科學，其價值與他種科學相等。且研究者多係社會上等人士；彼等不惜時間，殫精竭慮，全力以赴，希望有所發明。降至後世，不幸爲江湖派之預言家所利用；以相手術爲名，鬻技糊口，妄事附會，別加曲解，以迎合普通社會之心理，地位因以低落，不爲世人所重矣。但愛好研究相手術之人士，未必盡爲江湖派之預言家，歷來其中不乏知識豐富之士，其有以名著傳世者，尚不寂寞。

人之一生，其將來遭遇若何，實不容武斷的預測一切，而必其毫無改變；但著者根據多年之經驗，若干神秘之例證，輒能符合，得以目覩之，證驗之爲不謬也。然吾人所能預測者，亦僅屬若干可能的發展，由於個人之性格，環境，地位，或其他因素所造成，而表現於身體外部，有某種符號可資考驗耳。換言之，人類之思想情感，在腦中發生作用，必有意的或無意的反映於手掌之上。腦之神經作用時有轉變，起滅無定，而轉變之發生，或早於個人思想行爲之表現，此亦不容否認之事實。

例如一幼童年方九歲，在此時期內，或已隱伏某種發展，但必待二十年後，始告顯著。該童在二十九歲時，生活方面，必有突然的轉變；惟事實上，某種發展於二十年前已生作用，影響其一部分之神經，並反映於手掌各處之紋理。假定該童是時忽發現繪畫之天才，爲本人始料所不及，實則此種材能，過去經長時期之潛伏，蓄而不露，未被注意，苟遇觀察敏銳之掌形名家，必能注意及之。

又如若干人具某種「直覺的能力」，天賦獨厚；但往往不善運用，殊爲可惜。此種潛意識或超意識的活動，得自天賦，固非營求可得，但旣幸而獲得，卽當助長其發展，不應自甘暴棄。直覺能力之有無，亦惟掌形中可以鑑識之也。現代繁忙複雜之社會生活，有壓迫精神生活之趨勢，以至個人直覺亦相當受其限制。直至最近，科學家始注意及之，並認爲直覺能力殊有發展之必要。研究掌形者尤不可不知。

又如「天才」之謎。著者曾遇不少富有天才之人物，但何謂天才，頗難下一斷語。吾人於天才之造成，不易尋得確當之原因；彼等亦不自知。世間一切事物之完成，無不多少與天才發生關係。有天才而後有驚人之事功，天才實爲一不可究詰之謎。然因有掌形知識之助，吾人於天才之謎，最低限度可以解決一部分。

今欲避免哲學上理論之繁難，以期適合於一般急切於理解掌形，般望獲得實際上應用者起見。乃提供掌形哲學之實用技術，設計繪製多數圖譜，及添附世界名人掌形，使用顯明文字爲之說明，凡學者手此一册，於研究上可不殫麻煩，便能熟記融通，在短期時間能以獲得掌形哲學上之相當技術。

掌形哲學之實用技術，可分之爲「相手」及「觀掌」兩種技術，凡吾人內在之性質及稟賦，驗手掌之紋理，觀各部特徵，即不難明瞭；吉凶禍福，亦得以預測。即相手之形狀爲如何，可以辨別個人之性格，及推斷其趨向；觀掌即察其紋理之特徵，以分析性格與才能，以明個人之過去事蹟，而推斷將來。

相手篇

開始研究相手時，於手之形狀及各種部位之特殊名稱，宜努力記憶，以期熟練。苟能用功記誦，在短時期內達到熟練之目的，至爲容易。（參閱第一第二圖）

拇指代表金星，食指（次指）代表木星，中指代表土星，第四指代表太陽，（或愛普盧Apollo）小指代表水星。掌上距拇指最遠之紋線，稱直覺線，代表火星；其下則代表月球（太陰）。各個手指之底部爲「陵Mount」，亦可稱「宮」或「原」；金星陵位於拇指之底部，木星陵位於食指之底部，土星陵位於中指之底部。太陽陵位於第四指之底

掌形哲學

第一圖

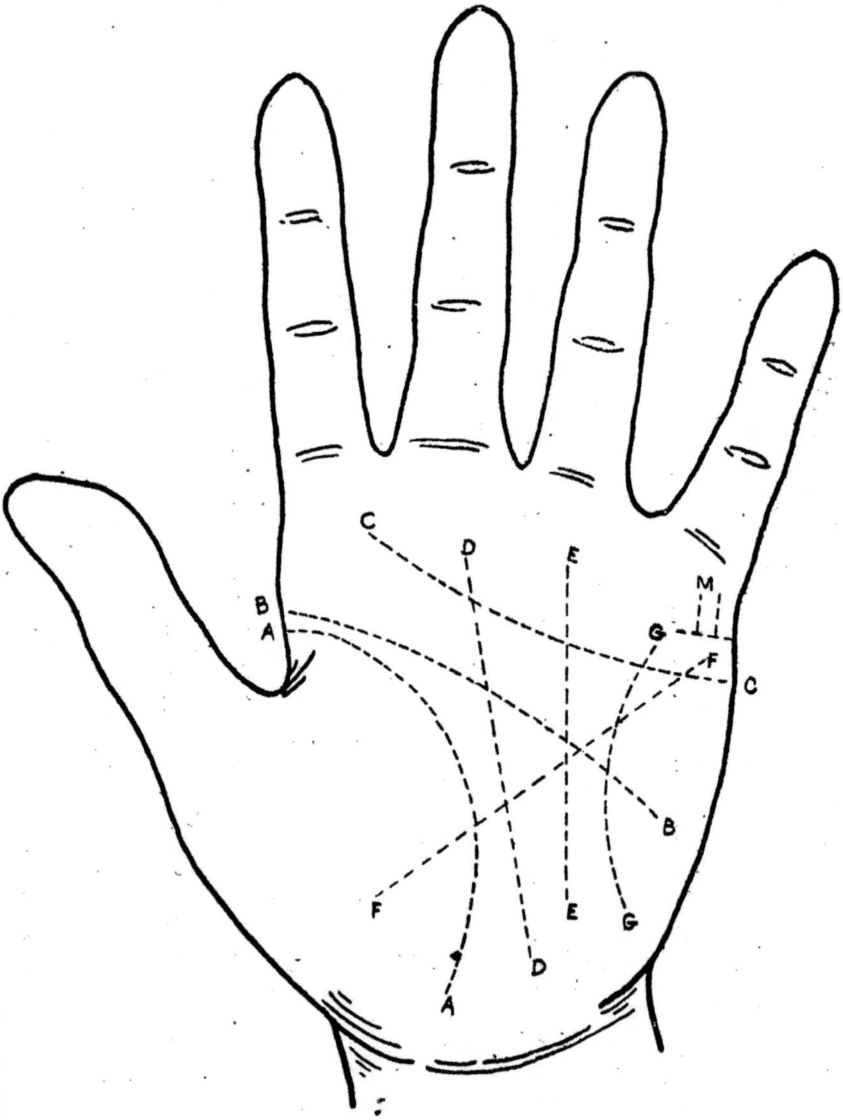

紋線

A	生命線
B	理智線
C	感情線
D	命運線
E	成功線
F	健康線
G	直覺線
M	婚姻線

八

第二圖

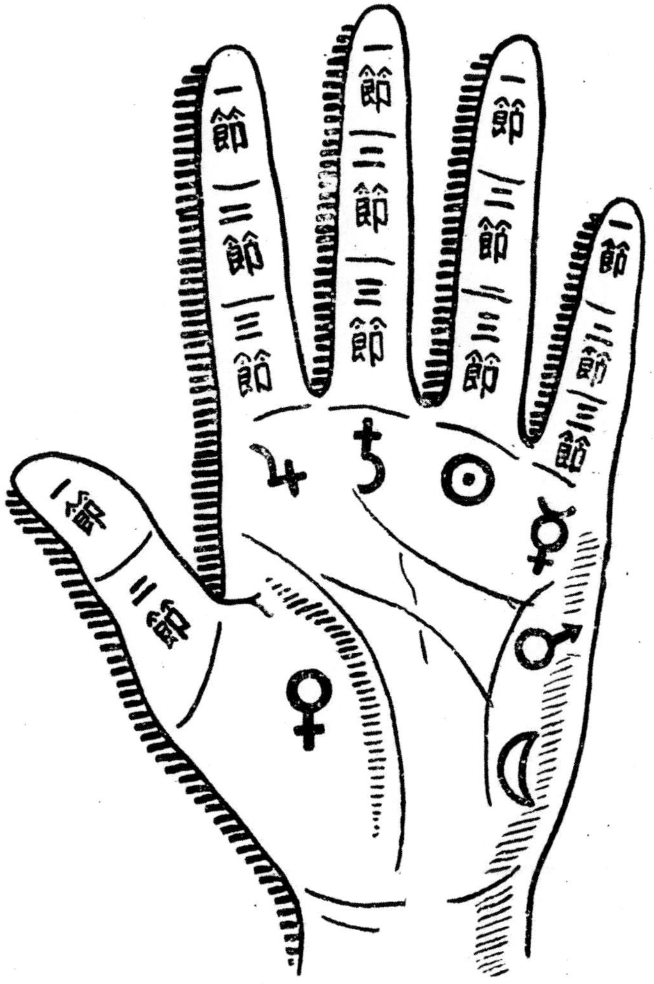

陵位

♄	土星陵
♃	木星陵
♂	火星陵
♀	金星陵
☿	水星陵
☽	太陰陵
☉	太陽陵

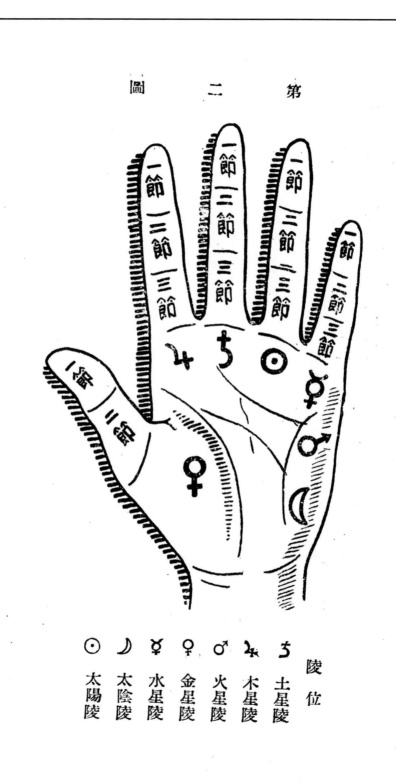

部，水星陵位於小指之底部，火星陵及月球陵在直覺線之弧形線之內，靠近掌邊。

左列第一表，示七大星體在相手術內之地位，及其與個人性格趨向之關係。

〔第一表〕

星體	性格	趨向
土星	胆質	悲觀、好學、精細、胸有城府、工愁善感，過分小心。
木星	多血胆質	有野心、可靠、伶俐、驕傲、懇切。
火星	勇壯	好鬥、鹵莽、專制、勇敢、殘忍。
金星	多血神經質	慷慨、富同情心、善做作、馴良、有禮，但少主張，甚至荒淫。
水星	神經胆質	活潑、勤奮、聰明、乖巧、易於接近、陰險、不可信任。
月球	淋巴質	游移、愛幻想、善反省、天眞、多感觸、易失望。
太陽	中和質	樂觀、溫和、富理想、偉大、好財色。

手指分三節：接近指尖者爲第一節，次爲第二節，再次爲第三節。視第一節之形狀長短，推斷個人之精神的趨向；視第二節之形狀長短，推斷個人之實際的趨向；第三節則可決定人之物質的志趣。三節手指正如世人奉行之三大宗教——天主教、（神遊世外，屬於理想。）耶穌教、（崇向實際，與日常生活打成一片。）回教、（注重物質。）某一節手指若長而且大，則其影響如左列第二表：

〔第二表〕

手指	第一節	第二節	第三節
木星（食指）	愛法律與公平	有才幹愛名譽	具統治他人之野心
土星（中指）	愛智慧	能研究	具知識上之野心
太陽（第四指）	愛美	愛名譽	具財產上之野心
水星（小指）	愛表現	能實踐	具學習上之野心
金星（拇指）	……另詳……		

第一第二指節

其次，吾人須注意各指節之關節。近指尖者代表精神生活，爲第一關節。介中間一節代表物質生活，爲第二關節。若第一關節較第二關節闊大，則其人之精神生活至不安定，時在智理與物慾衝突中，甚至懷疑一切，蔑視禮法。若第二關節特殊闊大，則其人必能奉公守法，精於計算，屏絕一切低劣誘惑，而改進其物質生活。

指節之長短，因人而異。人之志趣不同，指節之長度亦隨之而異。若食指第一節較二三兩節爲長，則其人必愛好法律與公平，嚴守秩序。若第一節較他節爲短，則其人必不甚愛好法律與公平，更難強其嚴守秩序。中指第一節如較該指他節爲長，則其人於科學必具極大之興趣；反之，則於科學必無興趣可言。第四指第一節若特殊長大，則其人當愛好藝術天才，崇向理想。小指第一節長大，則爲拘泥固執之表現。

食指第二節若較該指他節爲長，其人必喜發號施令。中指第二節若特殊長大，其人必愛藝術財貨與名譽。第四指第二節大，必愛名譽，好高慕遠。小指第二節長大，其人

第三圖

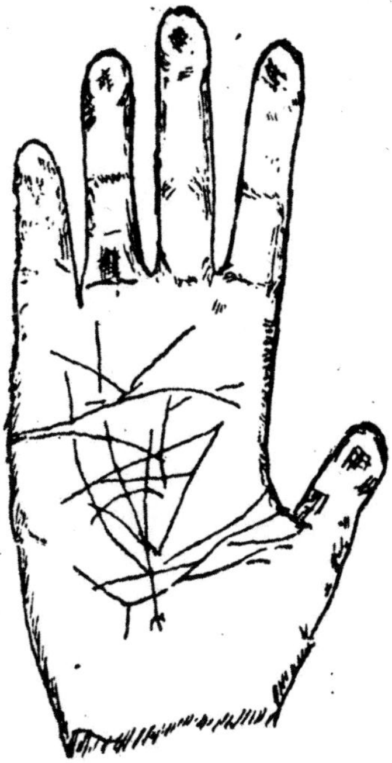

第四圖

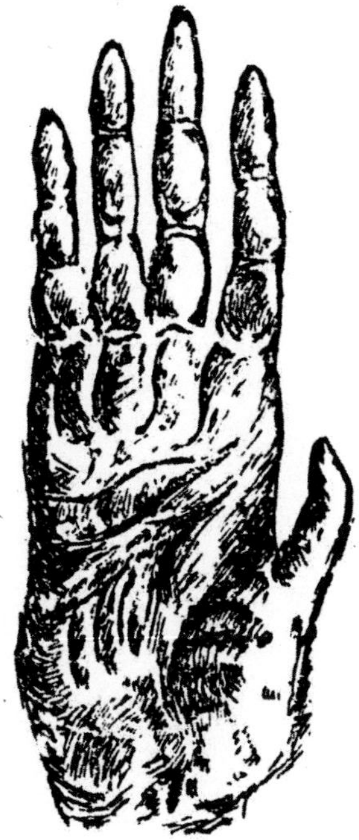

必聽敏耐勞。

第三指節

第三指節與手掌接近，若特殊長大，在食指則主喜愛權力，在中指則主希冀知識與尊榮，在第四指則主聲色之好，在小指則主習於勤勞，處境寬裕。

拇指

拉丁民族稱拇指為Pollox，本以紀念天神周必特 Jupiter 之愛子，在各手指中最為重要。動物除人類外，鮮能運用其拇指屈伸自如，而不受他

第五圖

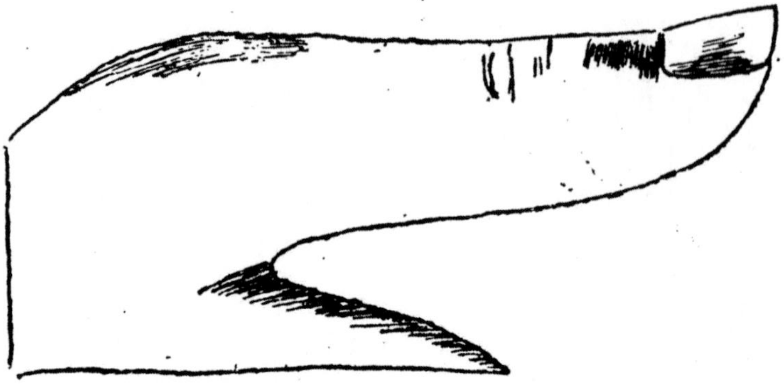

指之牽制。猿猴之拇指與他指取一致行動，惟人類始能單獨運用之。黑猩猩拇指奇短（參閱第三圖及第四圖），在動物界中與人類最爲相近。

拇指最足表示個人之理智力量。形態正常者（參閱第五圖）主其人理智能力優越。試將拇指自第二關節起，至指尖止，分爲五分。正常之拇指長度，第一節占全長五分之二；第二節占五分之三，較第一節長五分之一。

拇指長大，主理智力量優越；短小則爲理智薄弱之表徵，且缺乏精力。第六圖所示之拇指，爲一大發明家所有，其理智控制情感之能力，超過一般普通人物。人有長大之拇指，辨別分析之能力亦較優越，而富於進取與冒險之精神。

第六圖

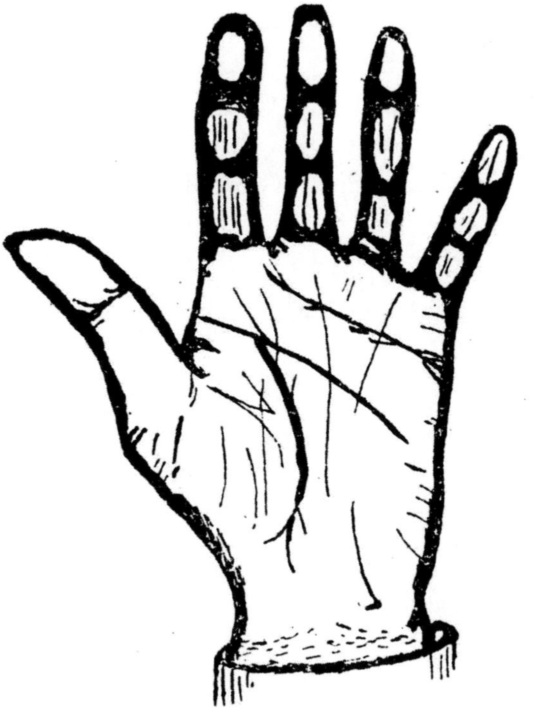

拇指長否，可以與食指比較定之。以成人而論，拇指尖達食指第二關節爲長，距第二關節四分之一英寸爲正常狀態，距半英寸爲短。（參閱第七圖）

拇指若一節特長，意志必甚堅定，不易爲環境所屈服；反之則意志薄弱，毫無成見，易生感觸。若第二節粗長，性情中正和平；若第一節奇長，第二節短小，（參閱第八圖）則其人之拘泥固執，必難加以理喻。若第一節短小，第二節奇長，（參閱第九圖）其識別力佳而志向不堅，是其所短。

拇指第一節厚闊，類似球形（參閱第十圖）主性情粗暴，喜怒無常；若手之其他部

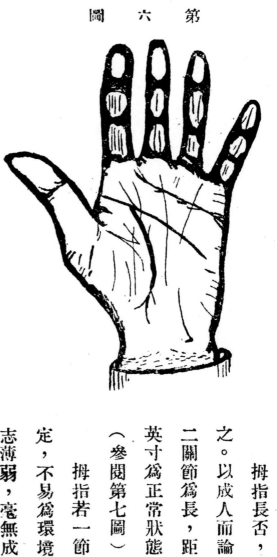

第七圖

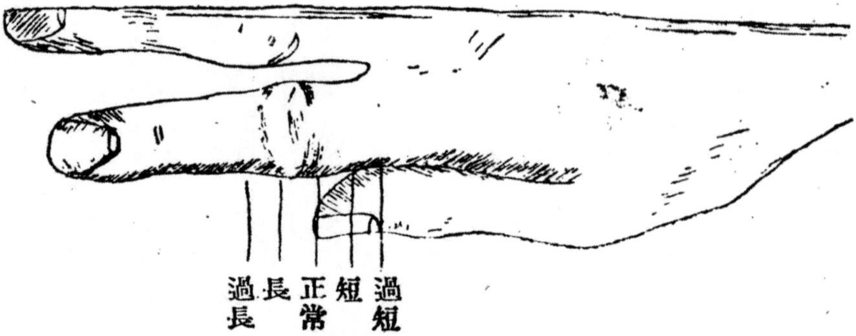

第八圖

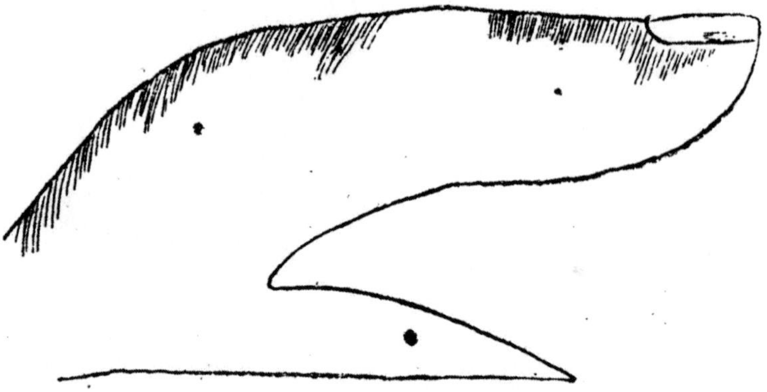

第九圖

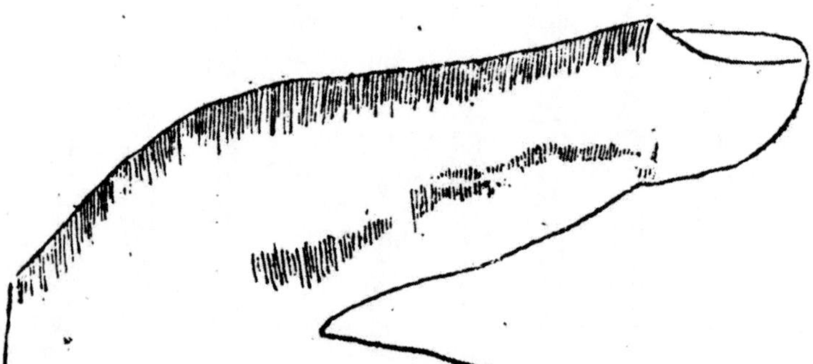

第十圖

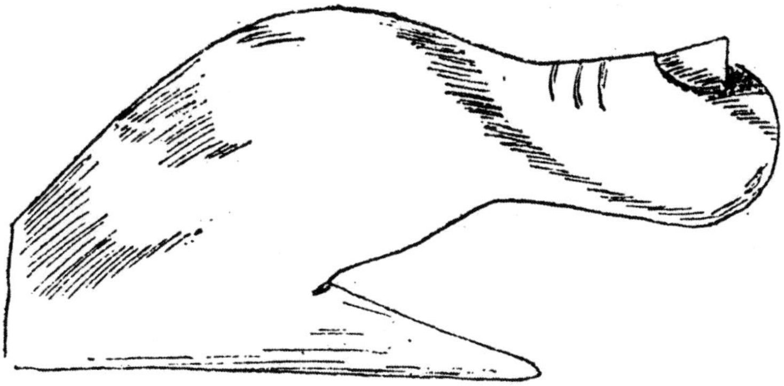

第十一圖

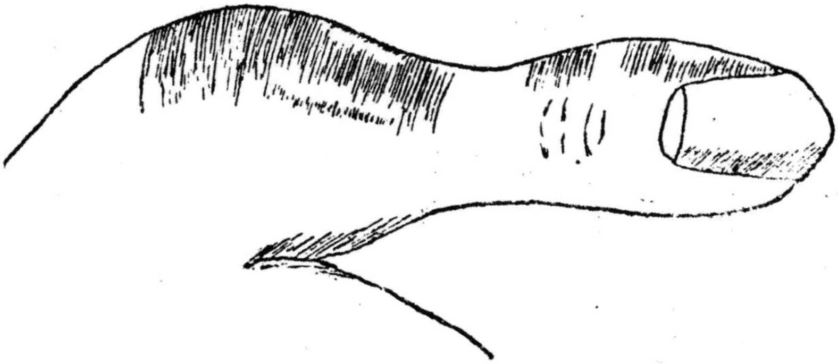

第十二圖

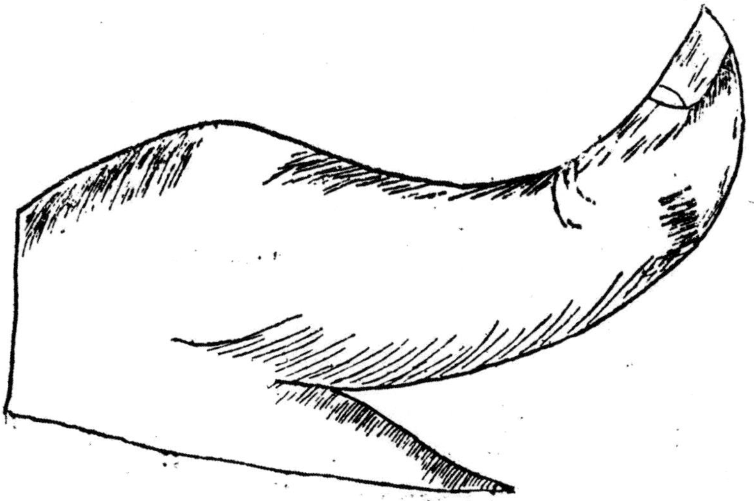

第十三圖

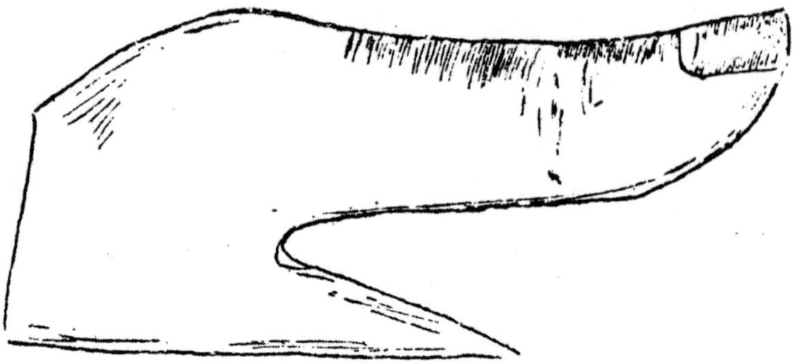

分，形態正常，配置得宜，則此節雖爲球形，尙無大礙。

拇指第二節如第十一圖所示爲蜂腰狀者，主敏捷。

拇指能向後屈曲者，蕩檢踰閑，揮霍無度（參閱第十二圖）。此等人物多係「好好先生」一流，豁達大度，極能寬宥他人；喜怒必形於面，自不隱藏。

拇指倔硬挺直者（參閱第十三圖）則否。其人個性甚強，有所希冀，必見諸實行，達到目的而後已。此等拇指象徵方正忠誠之性格，華頓頓 Goorge washington（參閱第十四圖）格蘭士登 Right Hon W. E. Gladston（參閱第十五圖）之拇指卽屬於此型。拇指硬直而微能屈曲者，主慷慨豪爽，於金錢不甚措意，但有判斷能力，不至流爲揮霍；湯姆斯·李勃登爵士 Sir Thomas Lipton 之

第十四圖

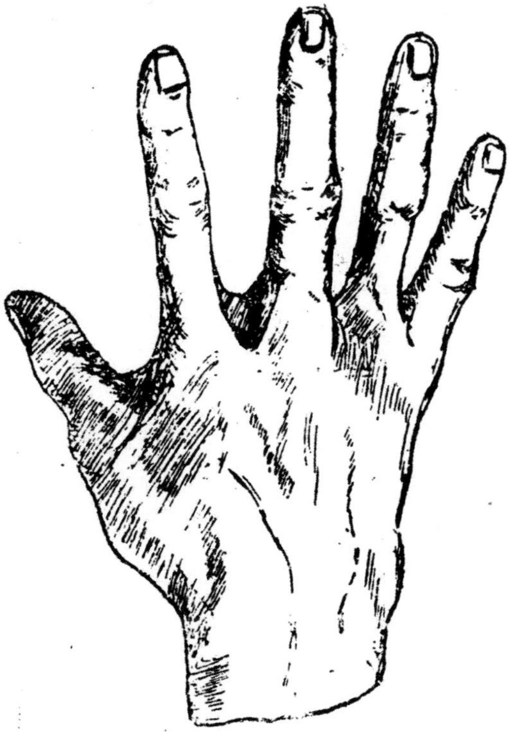

第十六圖

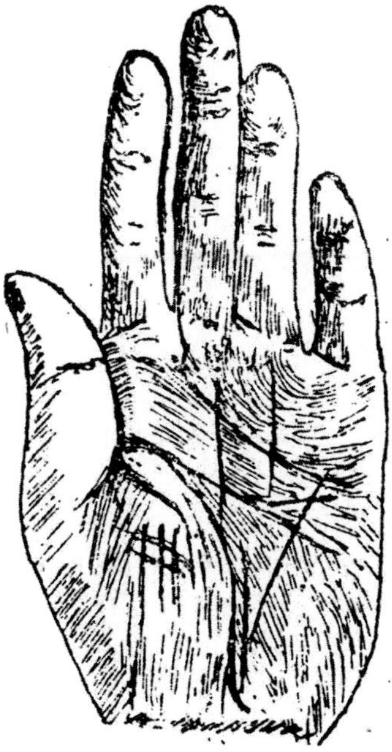

第十五圖

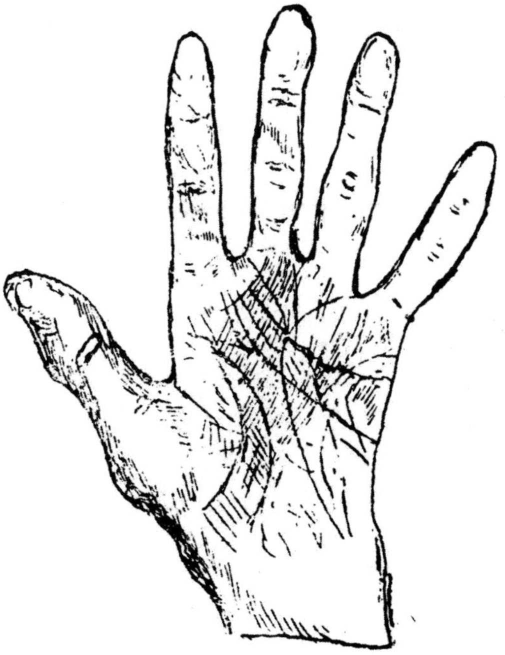

拇指（參閱第十六圖）屬於此型。

當在出示手掌時，發見拇指緊緊附貼掌邊，已經十足表示其人有守舊與謹愼之天性。如果拇指離開手掌成四十五度角，或距離更闊，一望而知其人是疎財仗義之人。

手掌特殊柔軟之人，感情易於衝動，喜怒哀樂，必現於形色。手硬者思想靈敏，行爲迅速；多毛者愛奢華，慕虛榮；毛生手指上者性情急燥，易於發怒。婦女之手，若隨處生毛，其性格多傾向於殘忍方面。

指甲

吾人觀察指甲之形狀，及其與手指（拇指包括在內）如何配合，亦能推斷個人之性格及趨向。

當在觀察手掌時，須將拇指與他種特徵比較研究，切忌固執。若拇指僅表示其人有相當之理解力，而他種特徵均屬優越時，此人之個性必係堅忍果敢之流。功成名遂，可預卜也。

手掌與手指

手掌表示境遇；手指表示性情。手掌長於手指，性情不無缺點，但善於經營，境遇則大佳；反之，性情優良，而境遇每多窘迫。

手指長者精神愉快；但奇長者欠大方，注重小節。長手指之教師演說家與傳道者，詞意不中聽與瑣碎，聆之令人生沈悶之感，卽坐因於此。

手指短者燥急靈敏；短而粗者伶俐，多數係僞君子；手指肥者懶惰；奇瘦者富研究性，無特殊嗜好，但以過分節省，有變爲吝嗇之傾向。

手指光滑者有藝術興趣，係神經質，任性而行，不暇思索。

手指彎曲醜陋者有犯罪傾向，若係後天的疾病所致者則爲例外。

食指長於他指者勇敢，不畏艱難，倨傲自大（拿破崙食指與中指齊長）尖者虔信宗教，方者服膺眞理，楕圓者神秘，食指楕圓而中指長者野心，第三指節長者有領袖慾。

中指尖者浮燥，方者莊嚴厚重，楕圓者柔弱。中指楕圓而第二指節長者，事業有成功之希望；第三指節特長者貪婪自私。

第四手指表示藝術與趣；若奇長，必喜計算或機器的遊戲；若奇長而指端橢圓，第二指節復長者，刻苦耐勞，事業可成。

小指特長者愛好科學研究；尖者喜艱深之科學；方者從事淺近切實之研究；橢圓而第二指節長者有商業天才，善於經營；指長，橢圓，而第三指節特長者，亦爲事業成功之徵兆。

色采與硬軟

手極白，不因氣候温度環境而改變色采者，主驕傲自大，缺乏同情；紅手之人則反是。晦暗者抑鬱寡歡，色黃者活潑敏捷，生氣勃然。

指甲短小者易於發怒，對人喜加非難。有此等指甲之人，若手之其他各部，形態正常，位置得宜，必喜標奇立異，酷好批評。指甲長而曲者，性格殘忍粗暴；形圓者易於發怒，但亦易於消釋。長白而圓者性格軟弱，但老謀深算，有殘忍之傾向。晦暗者奸詐伶俐。形態正常，內透粉紅色者，多生感觸。

美洲印第安人以爲根據指甲之基部，可以測定人於何月何時誕生。指基 luna 大者生於月滿時；大小適中者生於新月時，若指基隱而不露者，其人必生於月黑時。（按印第安人分每月爲三個時期，新月，滿月，黑月。）

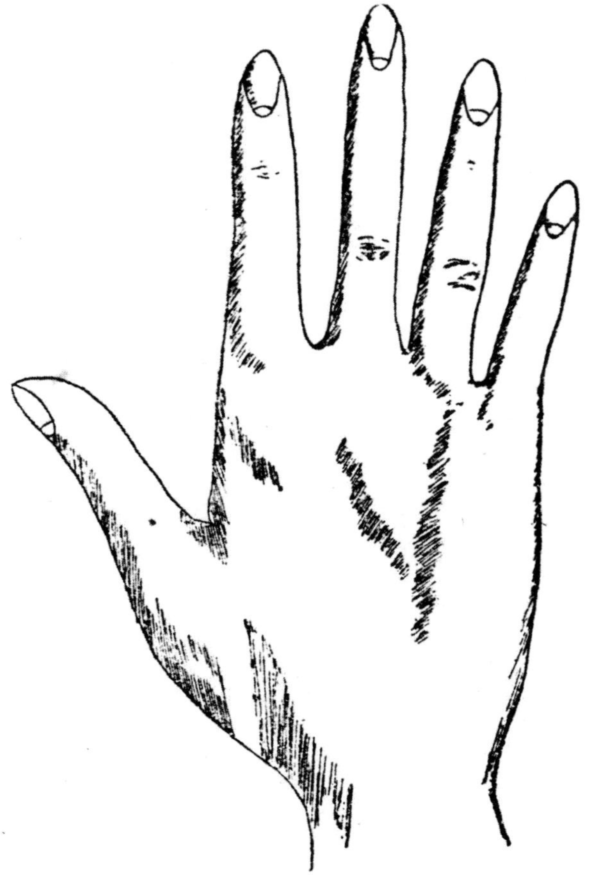

第十七圖

手之形態

手之形態有六種。無可歸屬者謂之合雜型 Mixed hands。

一　心靈型

心靈型 Psychic（又稱

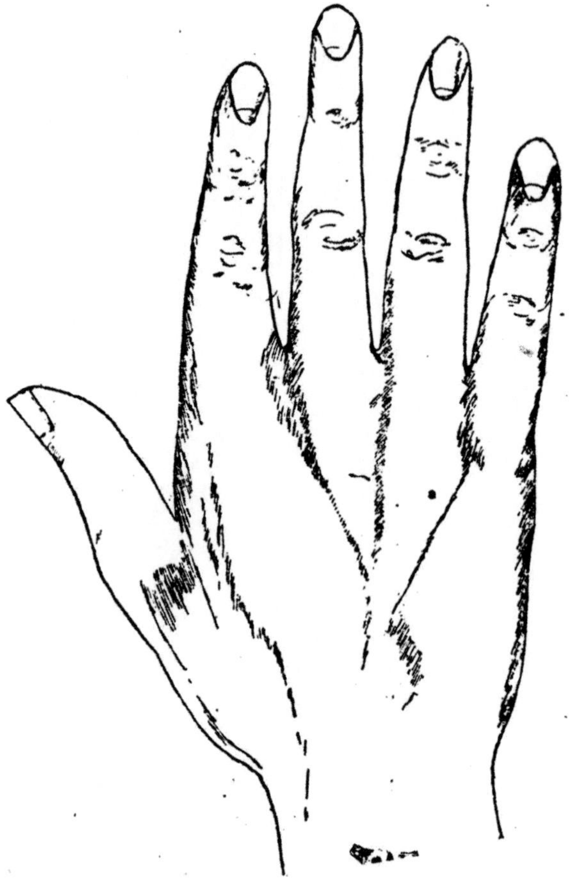

第十八圖

二四

理想型 Idealistic 參閱第十七圖）者手長瘦，指長滑尖細，指甲緋紅，狀如杏仁，皮膚白皙，掌柔軟，性質偏於幻想，任意進行，不顧事實；詩人藝術家理想家多有之。此等人物直覺能力極高，具藝術天才，不受羈勒。

二 圓錐型

圓錐型 Conic（又稱情感型 Emotional 參閱第十八圖）者較心靈型稍短而闊。手光滑，稍尖細，指甲長而彎曲。性情溫和，多感想，富同情心，易衝動，傾向藝術。若拇指硬強，其人於藝術音樂舞台方面，可多獲成功之機會。若拇指軟弱易曲，其人必怠惰荒淫，縱情聲色。

三 哲學型

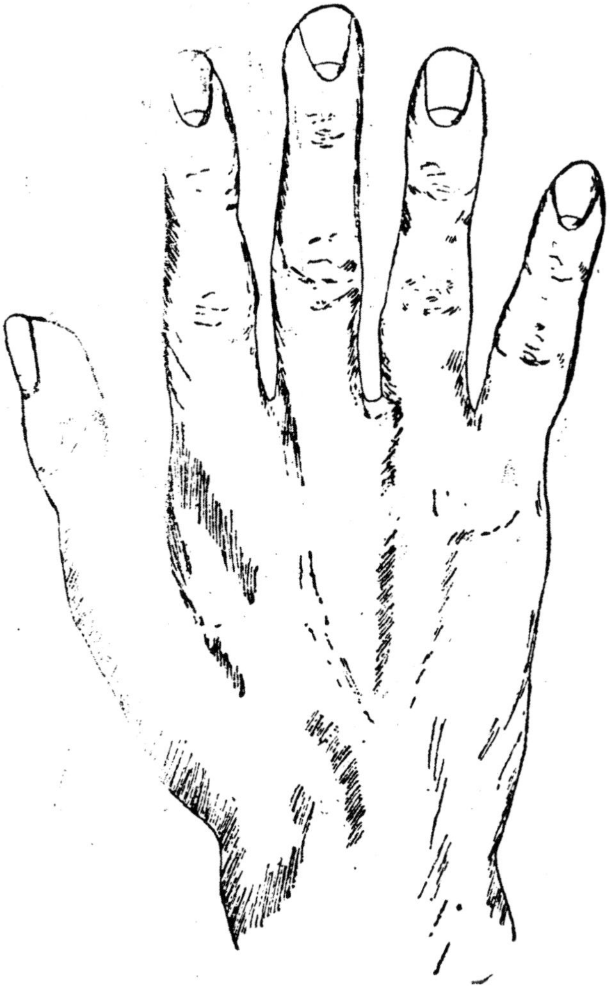

第十九圖

哲學型 Philos-aphic，（參閱第十九圖）者較上述兩型稍大，露骨，指節發育良好，指端介於方尖之間，拇指必長大強硬，不易屈曲。有此手者主係獨特之思想家，沉默好思索，理智發達，有獨立精神，不爲情感所控制；機警多智，謹愼好學，誠實，喜怒不形於色。

四 正方型

正方型 Square Hand（又稱務實型 Pratical 參閱第二十圖）者硬直，形方，大小適中；指甲不長，拇指硬大。有此手者主固執吝嗇，潔身自好，嚴守禮法，崇向形式，憎惡一切游移不定之習慣。此等人物，爲家庭之熱烈愛好者，多係民族之優秀份子，或爲成功之商人，或爲著名之律師及教員。

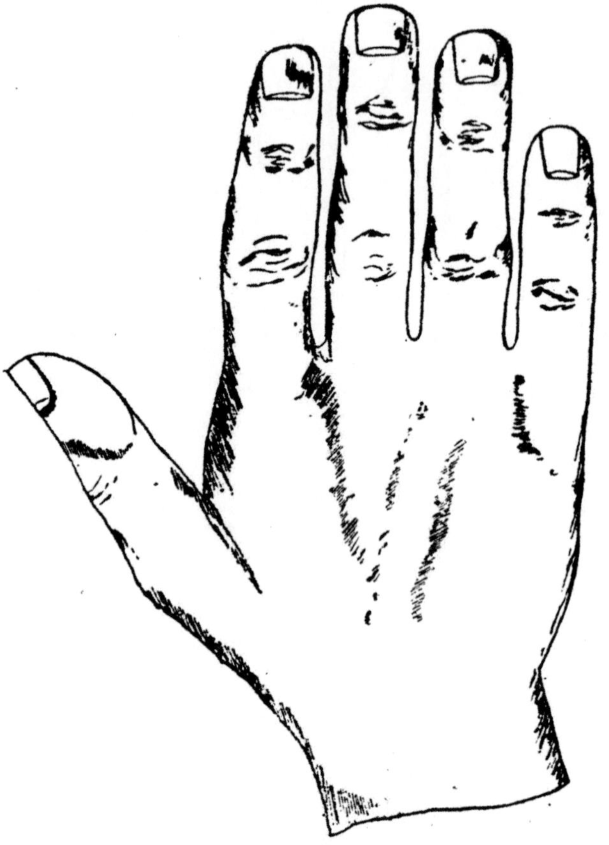

第二十圖

五　楕圓型

楕圓型 Spetulate（又稱敏捷型 Active，參閱第二十一圖）者基部較闊，硬強；指長大，上端粗闊。有此手者主好活動，行爲敏捷，敢作敢爲，自信力甚強。此等人物喜戶外運動，愛與動物或兒童接近；多爲爲成功之航海家，探險家，發明家，與工程師。

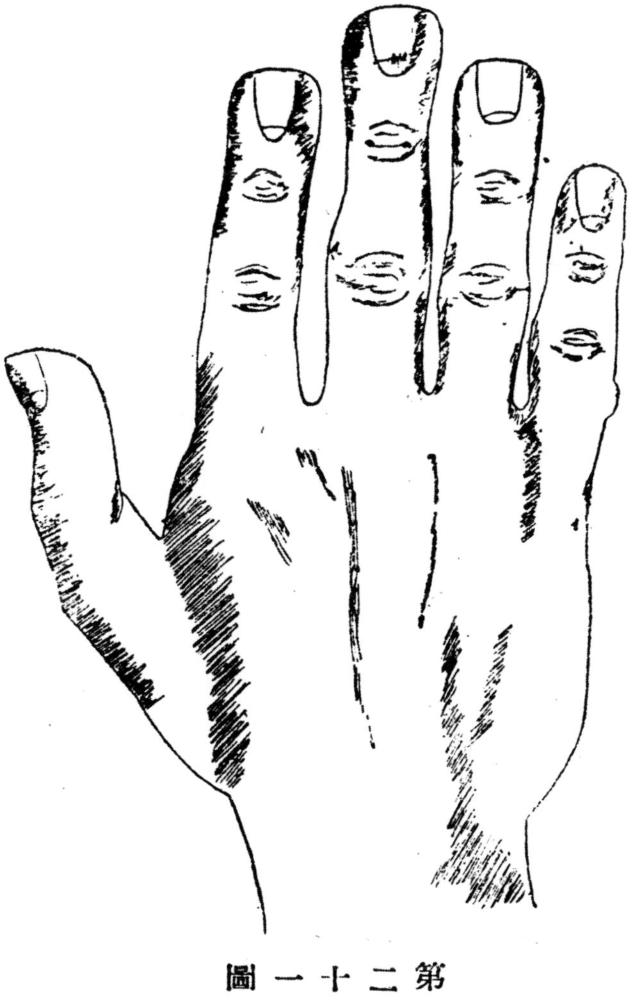

第二十一圖

六　單純型

單純型 Elementary（參閱第二十二圖）者掌厚而硬，拇指粗短，指短而肥。指甲亦短，有此手者多係各民族之下層階級，及爲兩極寒帶民族中人，渾渾噩噩，頭腦簡單；倘能維持最低限度之生活，衣食無虞，棲止有所，卽心滿意足，不遑他求。掌長於指，其性格近於人類以外之動物（獸性）。

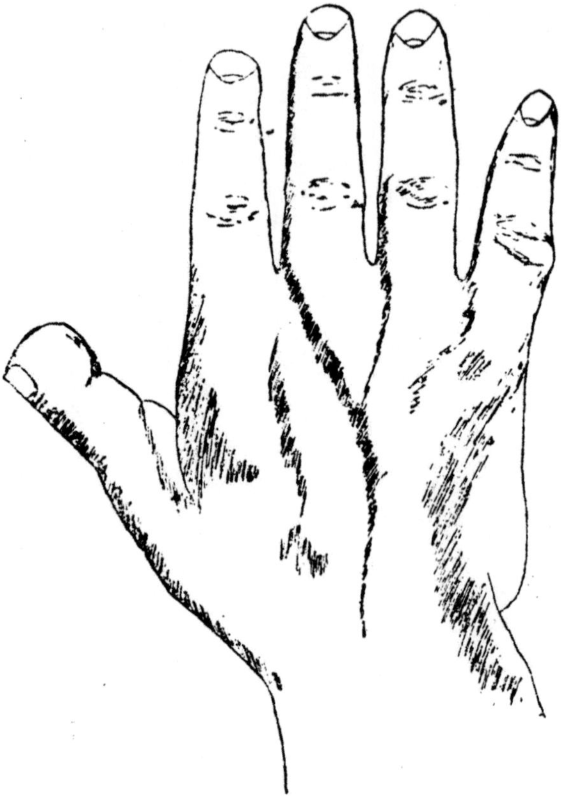

第二十二圖

類此之掌，手紋極少；其性情間有兇悍潑辣者，但多出於偶然的衝動，而本質實非剛強勇敢。

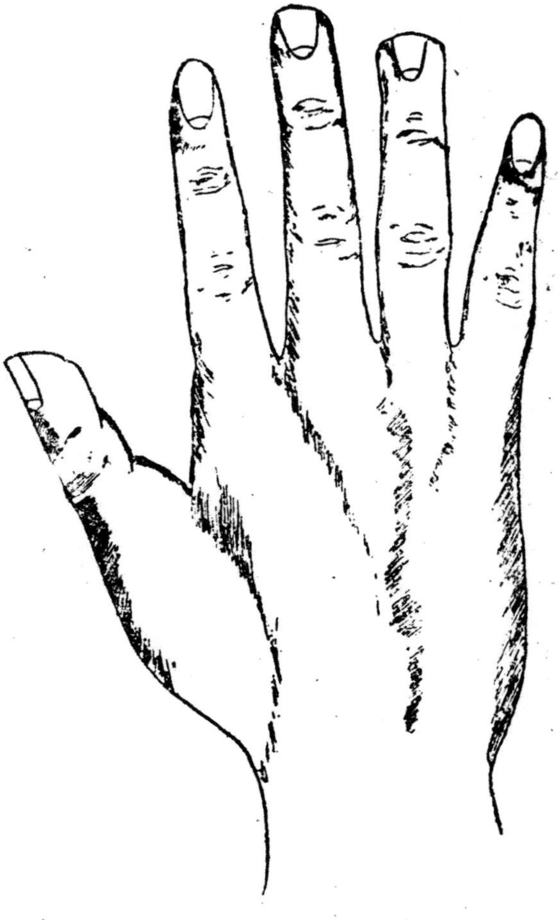

第二十三圖

混合型

混合型（參閱第二十三圖）爲各型之混合體，有此手者主擅長交際，爲朋輩所敬愛。志趣時有改變以適應任何環境。其手指或方或尖或橢圓，交錯參差；學者於研究時若詳細觀察，當發生濃厚之興趣也。

觀掌篇

觀察手掌時，以掌有左右之分，同是一人，往往有極大相異之處，左掌主先天主遺傳之趨向；右手主後天主才能與際遇。依照普通習慣，男子祇須注意左掌之紋線，女子則重視右掌，此乃中世紀之陳腐舊說不切實用。若以科學眼光觀之，凡人右手之神經與肌肉及其所司之事務無不較左手爲發達爲敏銳，爲超能。故其人一生之變動，無不在右手留顯著之特徵。所以觀掌須先觀左手次觀右手。若於某線發生疑問，須兩掌互相參照；取決則重在右掌，男女皆然，庶得正確之結論。（參閱第一圖）拇指與手指之基部爲「陵Mount」，觀掌者當熟習其部位（參閱第二圖）。木星陵特殊隆起者，富於野心及宗教熱情。反之其人缺乏榮譽，不爲世重。土星陵隆起者，思想堅定，行爲沉著；反之，其人必屬輕薄浮淺。太陽陵隆起者，聰明伶俐，能辨是非，愛好藝術及名譽，持樂觀態度；反之，其人之性格趨向亦必與以上所推斷者相反。水星陵隆起者愛好科學，善於經營，智慧過人。各陵形態正常者，多為平庸之人；發育不完全者能力薄弱，思想遲鈍，事業不易成就。

金星陵隆起者溫和仁慈；突高成異常狀態者喜虛榮，怠惰，好色。平坦者性情冷酷，缺乏同情，自視過高。火星陵隆起者勇敢，鎮定，不避艱險；反之，必胆小如鼠，乏進取精神。月球陵隆起者活潑，愛好音樂；反之則過分崇向實際，缺乏理想。

手掌紋線

腕線 The Rascette 通常稱為生命腕環線 Bracelets of life，在掌外下，即手腕處，主壽命及境遇。腕環線之上層，距掌最近處，若環紋重疊，主一生勞碌，生計窮困。

掌紋分七大主要線（參閱第一圖）

一、生命線 Line of Life 以A代表之，始於食指下，繞過拇指基部，看其深淺長短島角斷落之處。以之推定健康及壽命。然而短線不必主夭亡，壽命之長短，仍須參以其他各線之吉凶，方可獲得結論。

二、理智線(頭腦線) Line of Head 以B代表之。橫貫掌心；主才能，癖好及趨向。須注意線端之方向，係表示癖好將向何方面發展。

三、感情線 Line of Heart 以C代之。與理智線平行；主情感，與性格無關。

四、命運線 Line of Fate 以D代之。居於手之中部，始於手腕，止於中指基部或其附近，因人而異，主一生大事，象徵將來之遭際。

五、成功線（又稱太陽線） Line of Sun 以E代表之。人未必皆有，有者主財富，快樂，成功，前途光明。

六、健康線 Line of Health 起起於小指基底之下，斜穿各線而過，以F代表之，有之或不定明顯。掌上以無此紋爲佳。倘或有之，主有重大精神痛苦。健康線觸及生命線，主於一定年限內有重大危險。

七、婚姻線 Line of Marriage 以M代表之。在手邊小指下，線紋淸楚，主婚姻美滿；

得賢內助；紋短促，紋亂，紋斷，紋低垂，主婚姻波折，變故，或對偶者不利。

上述七大掌紋外，掌上尚有其他如直覺線 Line of Intuition 以G代表之。類似半圓形，有特殊直覺能力之人有之。與金星帶 Girdle of Venus 蕩情線 Via Lasciva 等同屬次要紋線。另有若干「線島 Islands」「方格 Squares」「圓圈 Circles」「星 Starts」「十字 Crosses」主人生各種不同之趨向及際遇；請參掌型示範及附編名人掌形附小傳，多敍述及之。

諸大線紋中，生命線最爲重要。該線在手之邊部，起始約當拇指與食指之間，作弧線形延伸包圍於拇指下周，直達手腕之底部。生命線形態良好，色澤優美者長壽，康健，吉祥；色澤晦暗，線紋過深者，主衰弱多病；環紋重疊者主性格溫和文雅。

測量生命線，可以推斷時間及年齡。每一線段代表七年（參閱第二十四圖）。線段內發現紋島主當年有疾病驚恐。線段斷而爲二，其末梢由方格聯接者，提防重病及意外事件。其次可測量命運線，此線非如生命線之顯著，由下向上（如二十四圖）每一線段亦代表七年，一如測量生命線。

各線代表年齡，通常每一線段爲七年，掌心適當三十五歲。明各線段位置，卽可鑑知當年情況，各該線段之劃定，閱第二十四及二十五圖之假定伸延線，便可明瞭。

在後更設圖示凡一百又六種線紋（掌型示範）取供參證，一經融通，則可立予判斷各個手掌紋理所形成之人生際遇與禍福窮通。

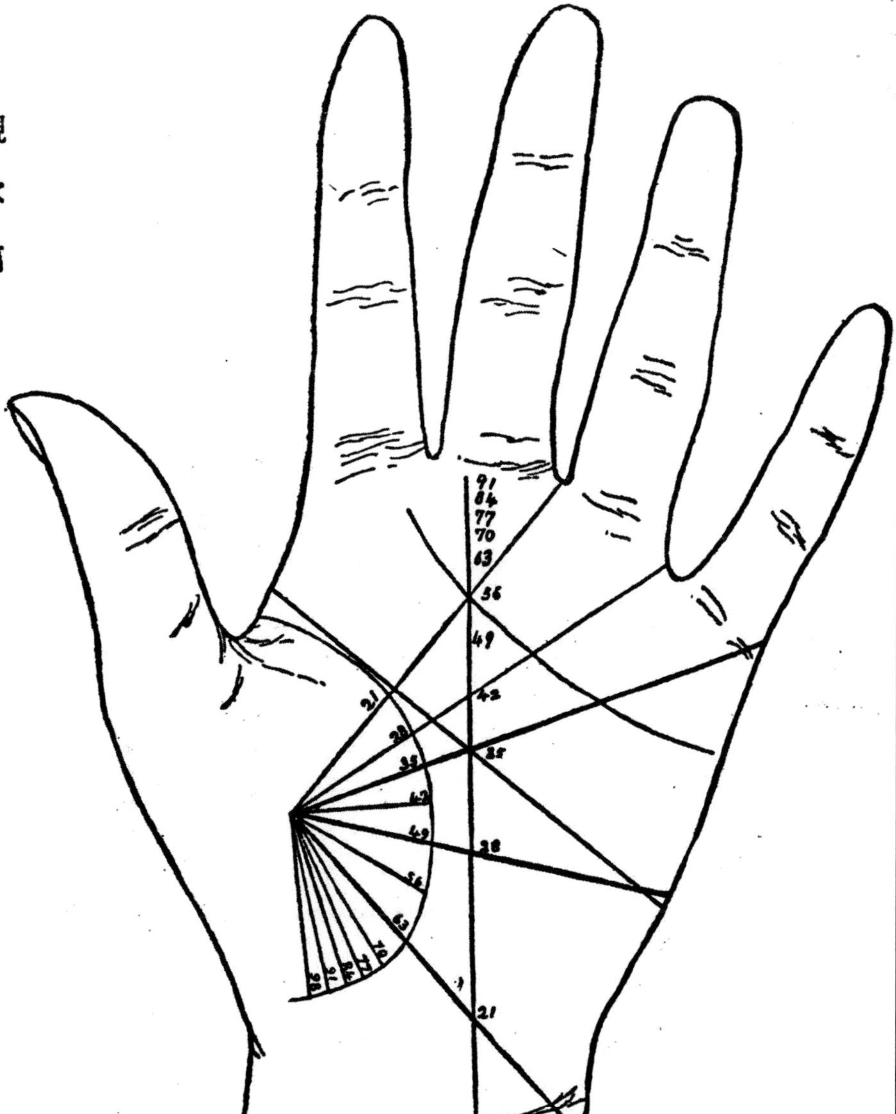

第二十四圖

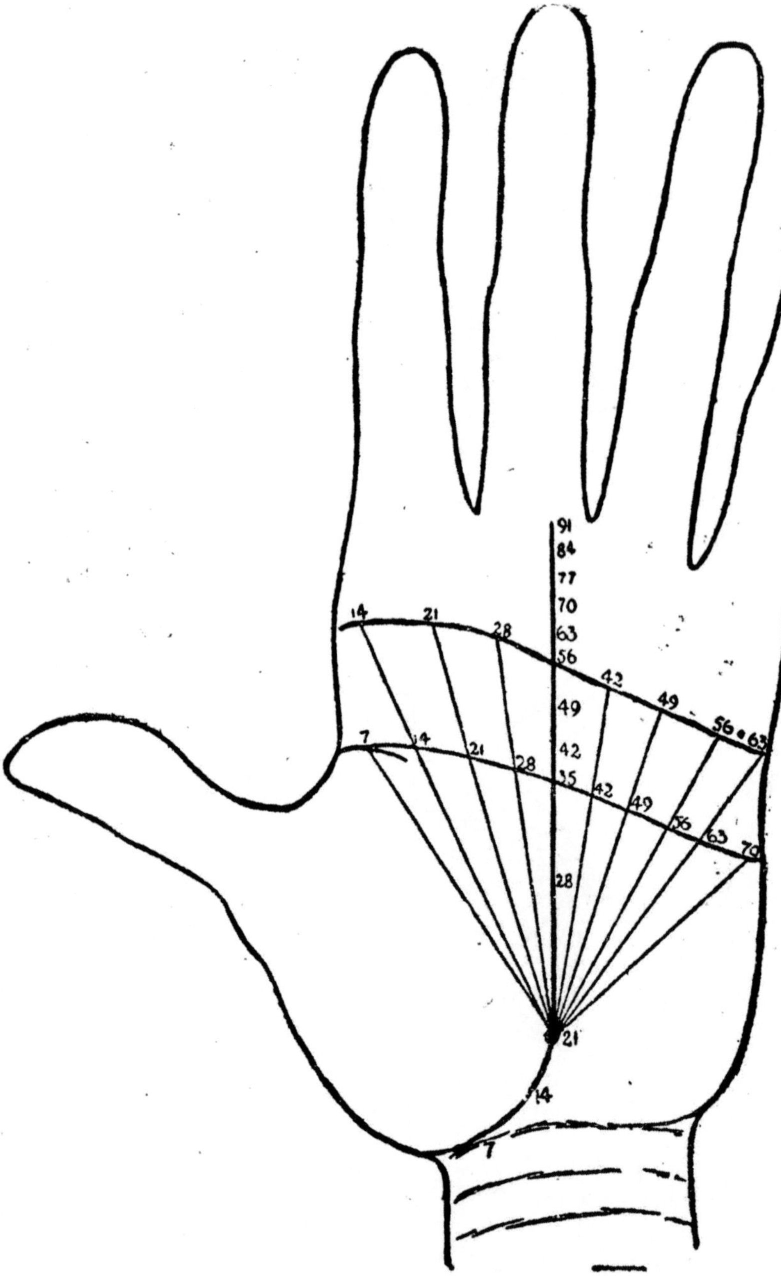
91
84
77
70
63
56
14
21
28
42
49
56
63
49
42
7
14
21
28
35
42
49
56
63
70
28
21
14
7

第二十五圖

掌型示範

— 1 —

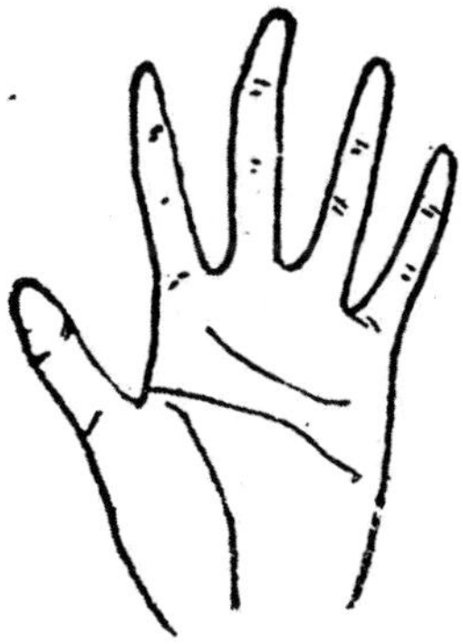

理智線通常始自生命線附近，主智慧與果決。

— 2 —

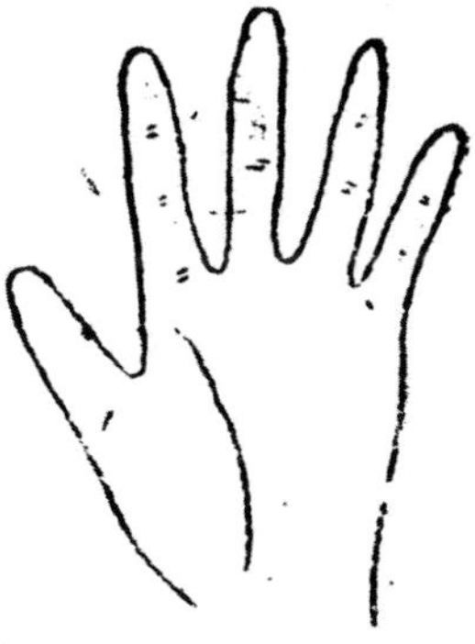

生命線如始自木星陵，主野心甚大，結局美滿。

— 3 —

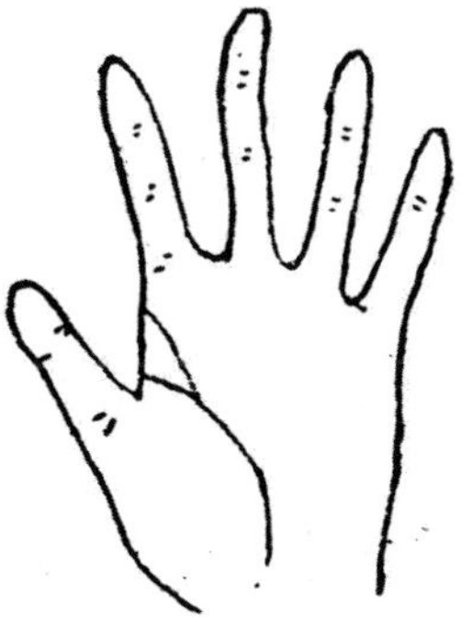

生命線上方岔至木星陵，主野心有實現可能。

— 4 —

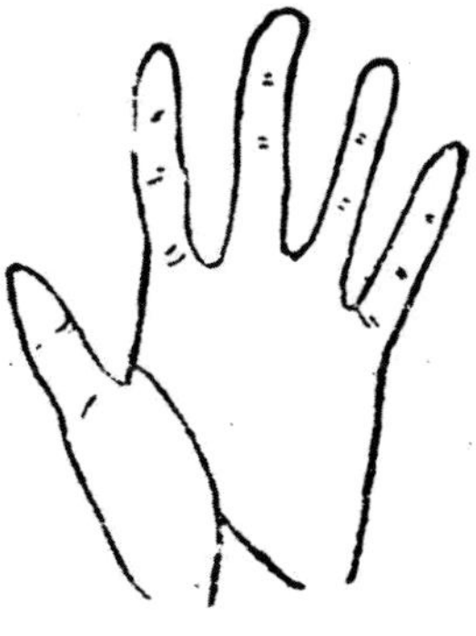

生命線下岔至月球陵，主希望，旅行與轉變。

— 5 —

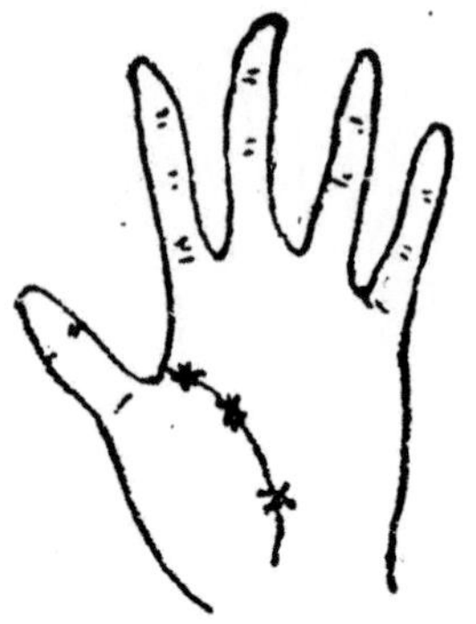

星狀紋在生命線上，主有意外及生命危險。

— 6 —

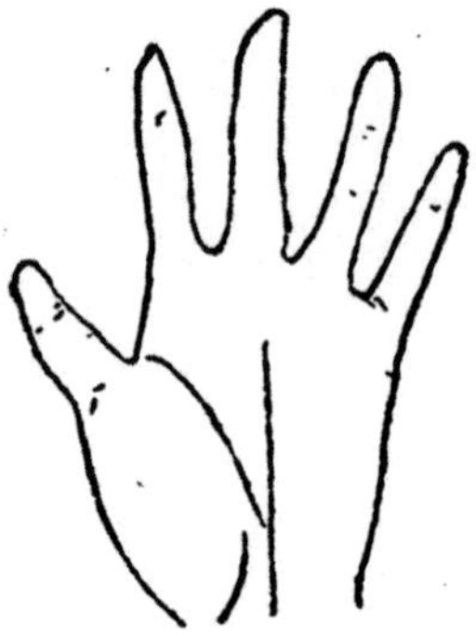

生命線中斷如上圖，亦主遇極大危險。

— 7 —

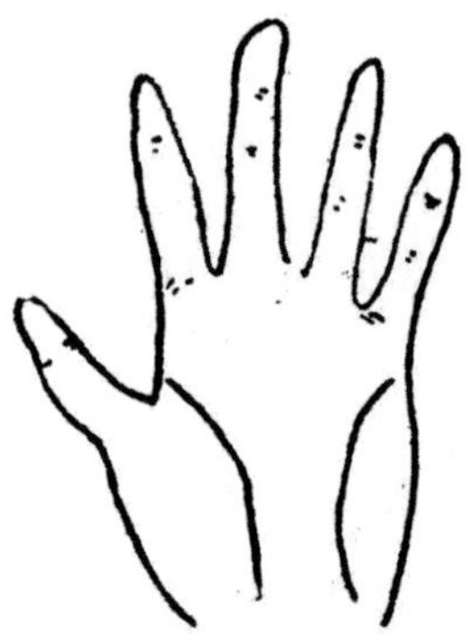

直覺線又稱爲悟通線 Line of Intuition，通常起於水星陵之間，彎向外方成半圓形。

— 8 —

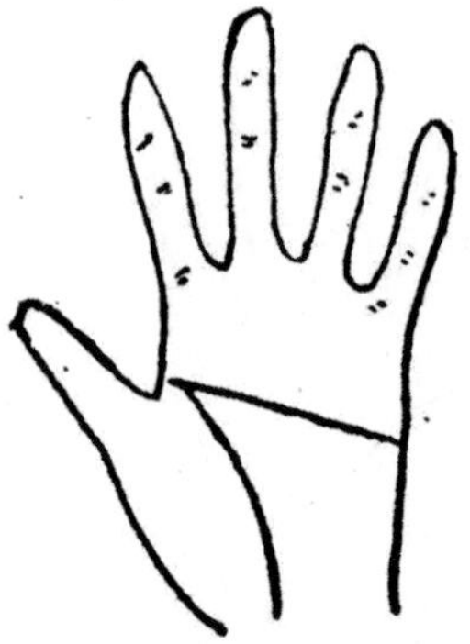

理智之線橫貫手掌者，主自私自利，缺乏同情。

— 9 —

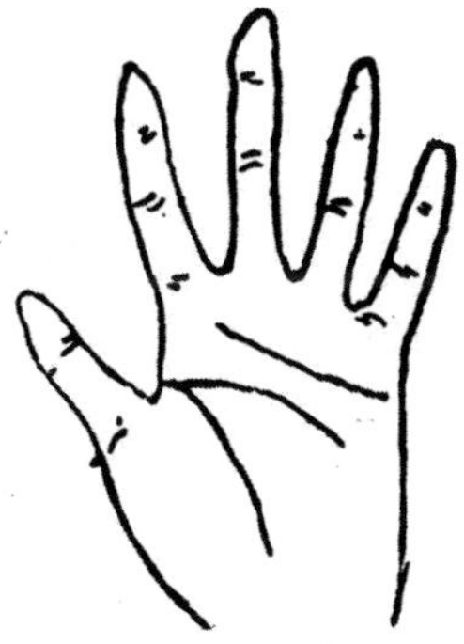

類此之理智線，主心地仄狹，有怨必報。

— 10 —

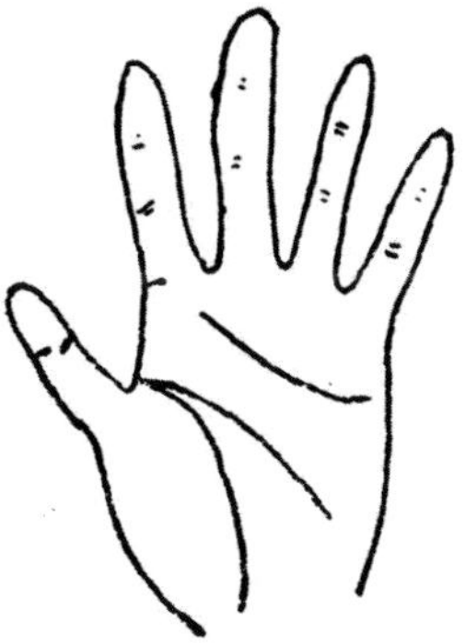

理智線下垂者，主多幻想。

— 11 —

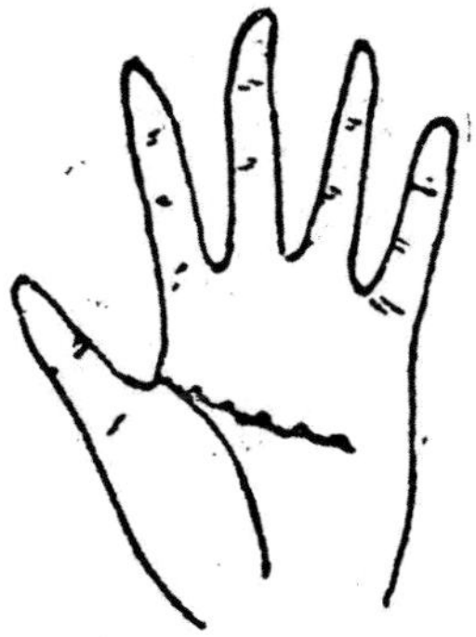

理智線上紋線重疊如鍊，主記憶力薄弱，心神欠專一。

— 12 —

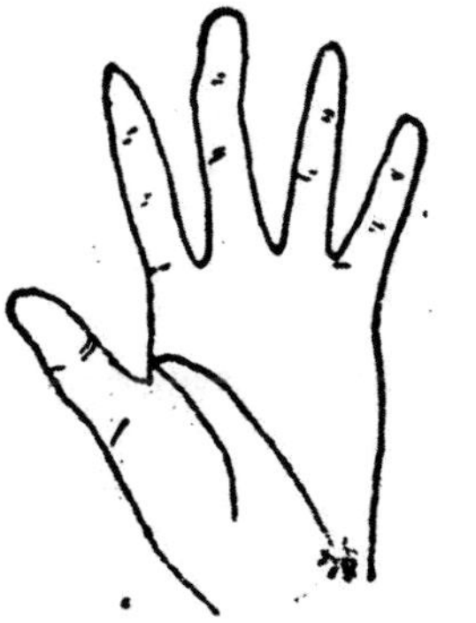

理智線如下垂於月球陵上而發現星點，主悲觀而多思慮。

— 13 —

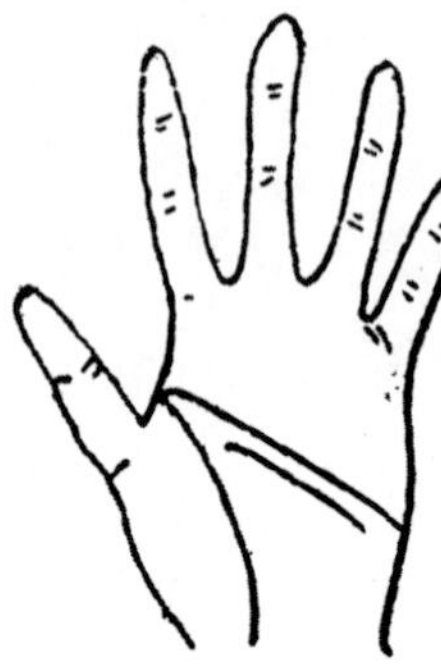

理智線長，主擅交際，人樂與之接近；成雙者主乖巧。

— 14 —

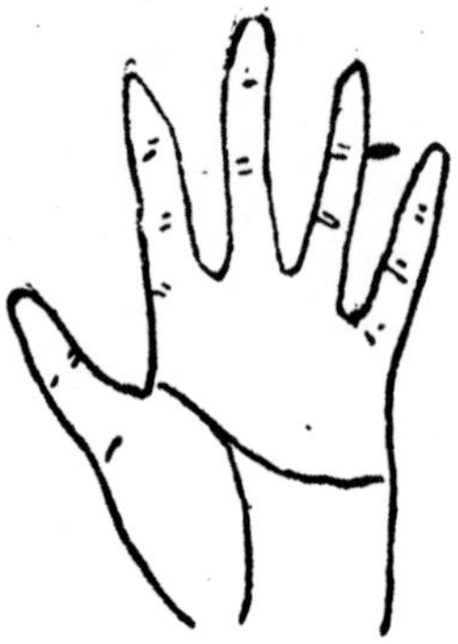

理智線連生命線，主少年獨立營生；中年以後，有倦勤之意。

— 15 —

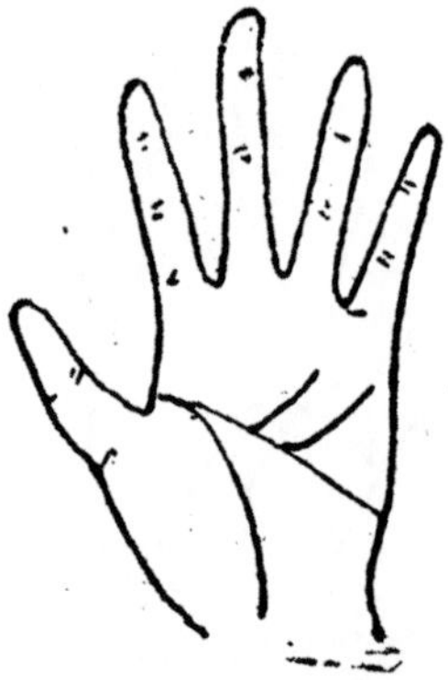

理智線岔至水星陵，主獲利；岔至土星陵與水星陵之間，主得名。

— 16 —

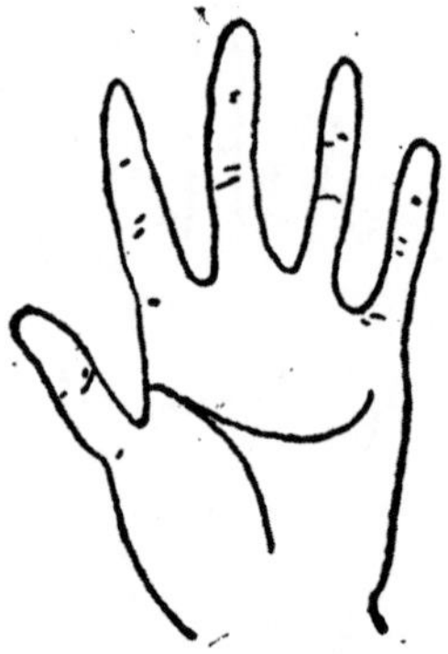

理智線伸入水星陵，主善於經營事業。

— 17 —

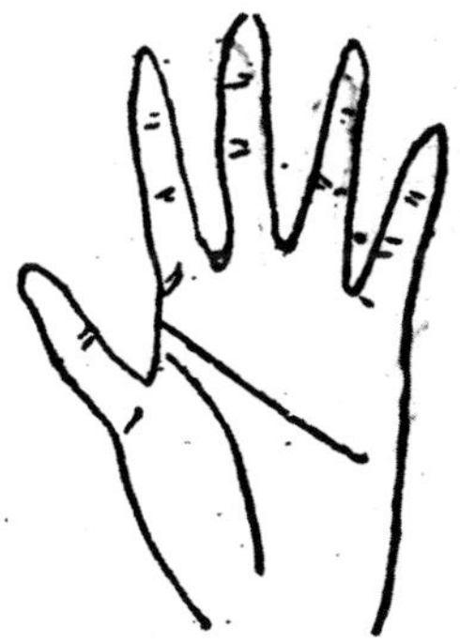

理智線與生命線隔離，主富於獨立精神，有領袖才幹。

— 18 —

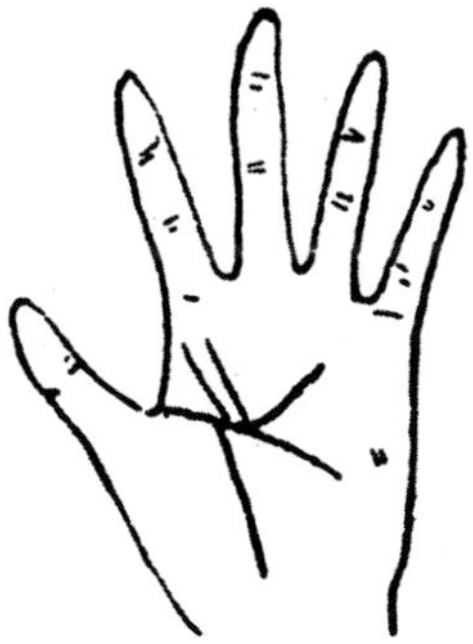

理智線岔至太陽陵，主不恃天賦才能而奮鬥進取，有所成就；岔至木星陵，主有上進雄心。

— 19 —

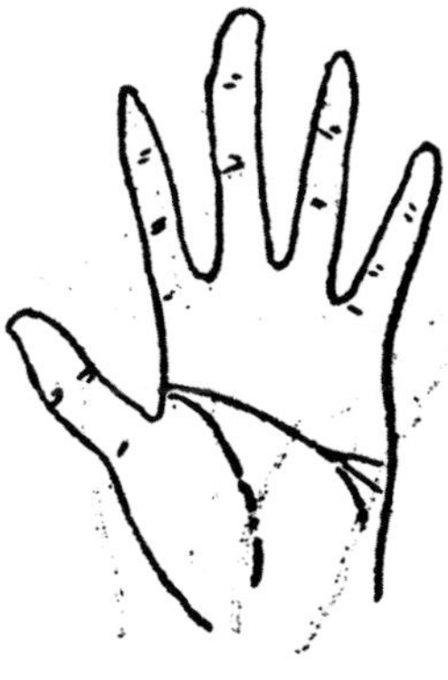

理智線向下成叉形，主游移不定，口是心非。

— 20 —

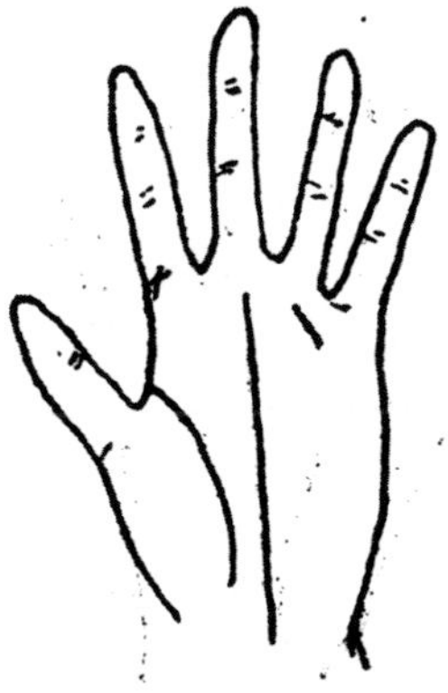

命運線通常始於手腕，向上止於土星陵。

— 21 —

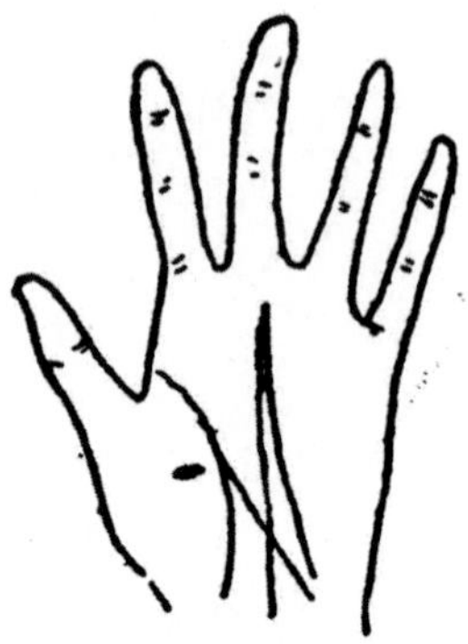

雙層命運線主兩種不同之生活過程，自營生活及得配偶之幫助或他種際遇。

— 22 —

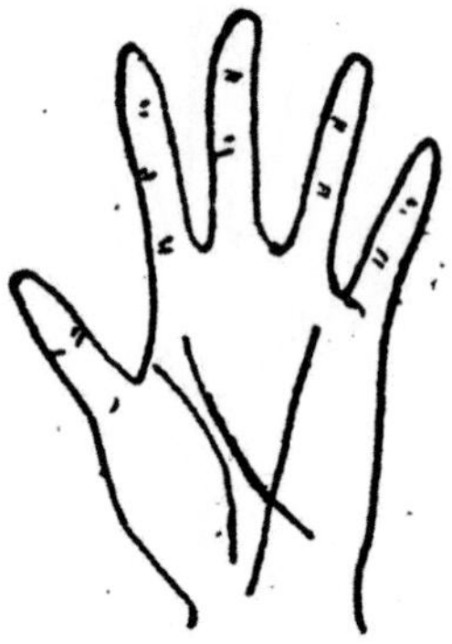

命運線止於太陽陵，主愛好文學或藝術。

— 23 —

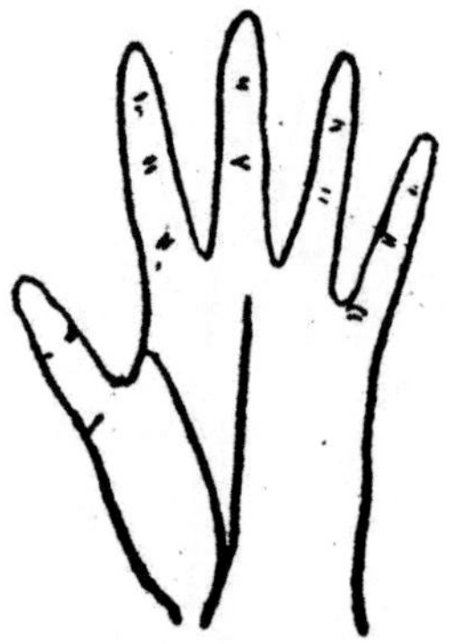

命運線始自生命線，主賴在自己努力而成功。

— 24 —

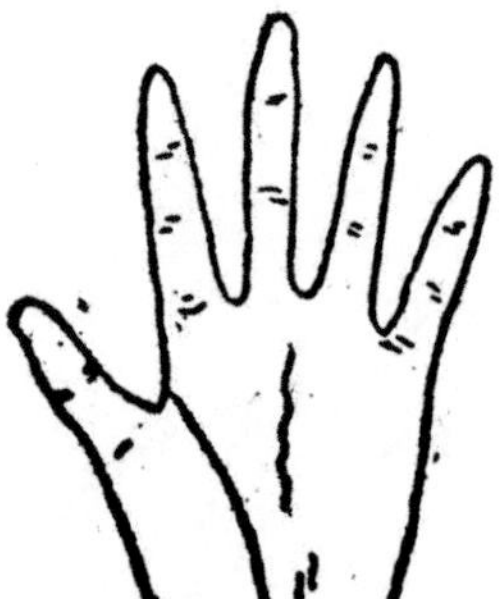

彎曲或中斷之命運線，主一生多波折，時而成功，時而失敗。

— 25 —

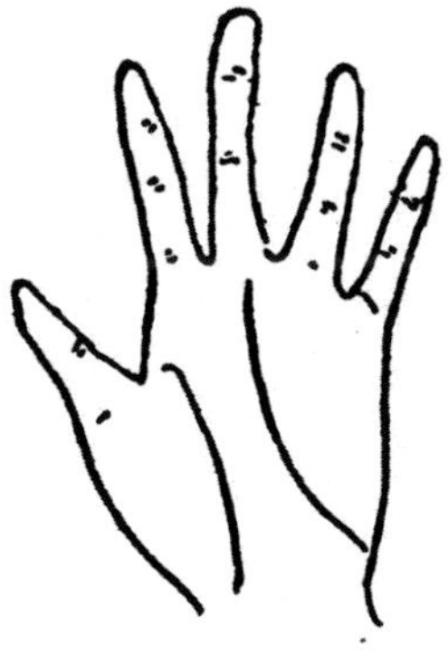

命運線始自月球陵，主因人成事。

— 26 —

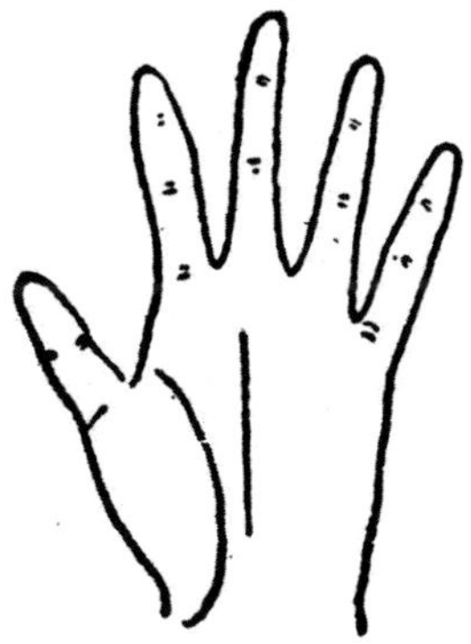

命運線始自掌心，主自幼卽恃本人造就自己。

— 27 —

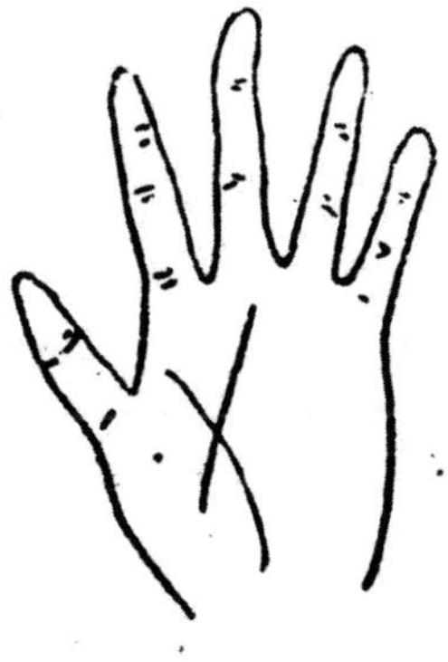

命運線始自金星陵，與生命線交錯，主早年得父母蔭庇。

— 28 —

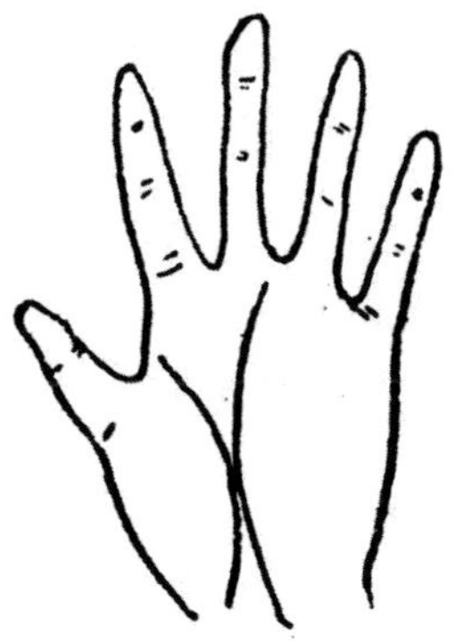

命運線鄰近生命線，主於彼時受家庭影響。

—29—

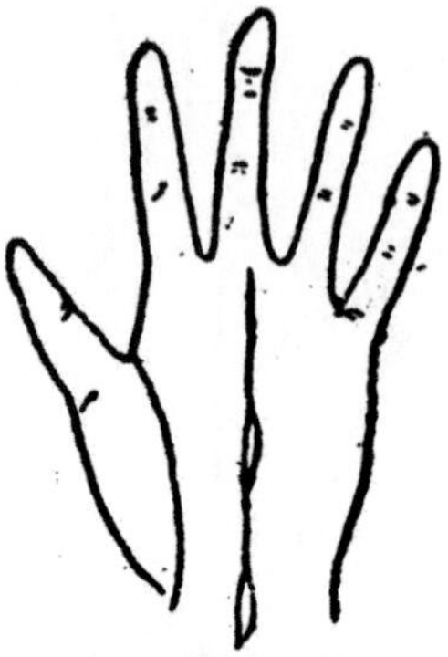

命運線上發現紋島，主在其年有損失或不祥之事；紋島鄰近手腕，主早年卽已見過。

—30—

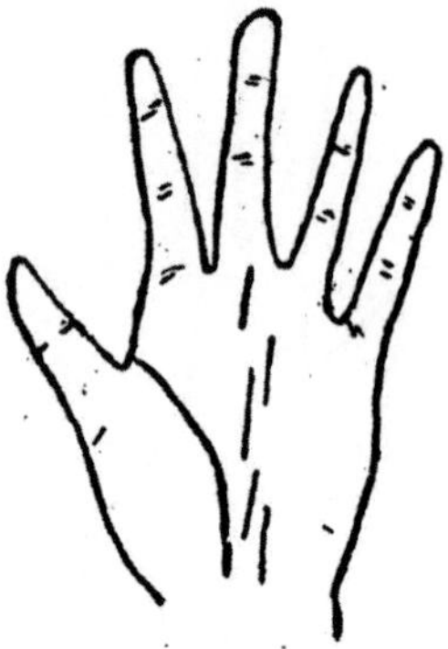

命運線中斷，主其年有突發之變動。

—31—

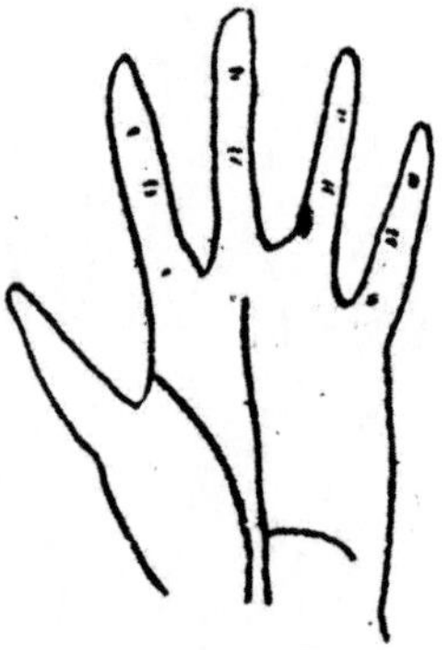

命運線與蕩情線相交，主愛情移改及離婚事件。

—32—

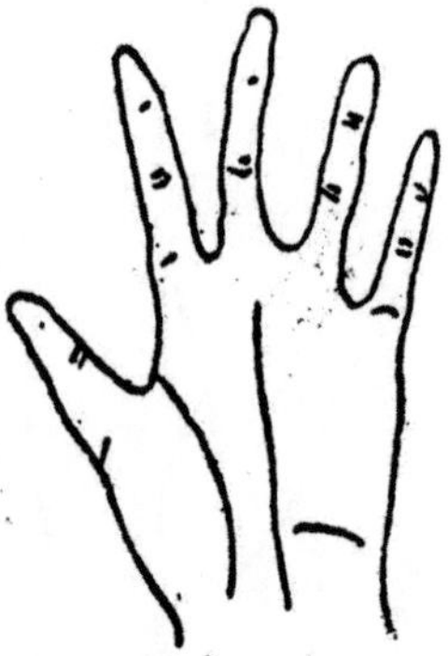

命運線與蕩情線將要接近，主有熱戀事件，但未必結婚。

—33—

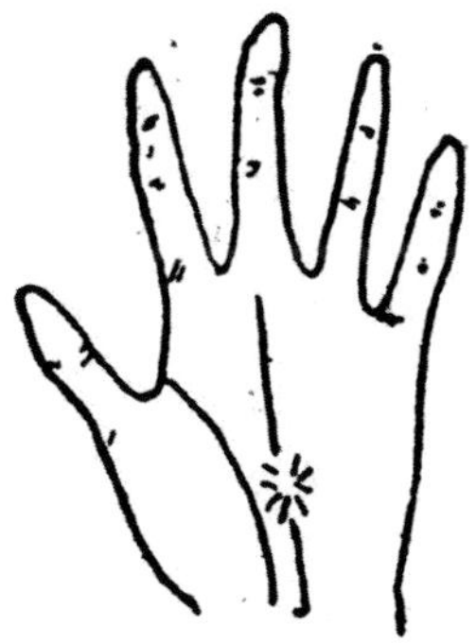

命運線上發現星點，主當年災禍，視星點之所在，推斷壽算。

—34—

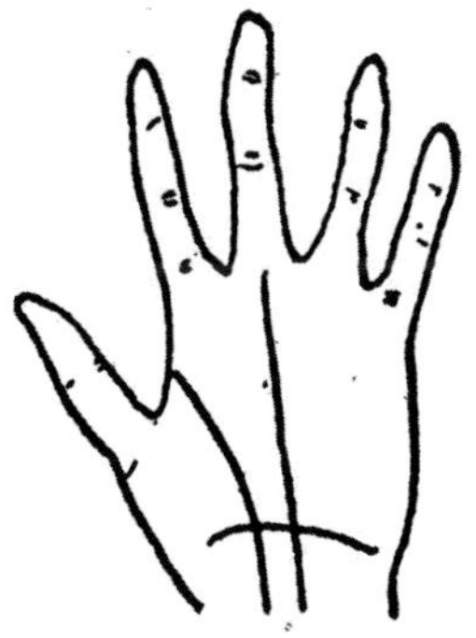

感情線始自月球陵成弧狀，穿過命運線，沒入或更穿過生命線，而抵金星陵。此線十足表示淫佚好色，如爲其切斷生命線之長度，乃屬不利之迹象，尤其是與金星帶發現在同一掌上。

—35—

正常良好之成功線（太陽線）始自手腕，止於太陽陵。

—36—

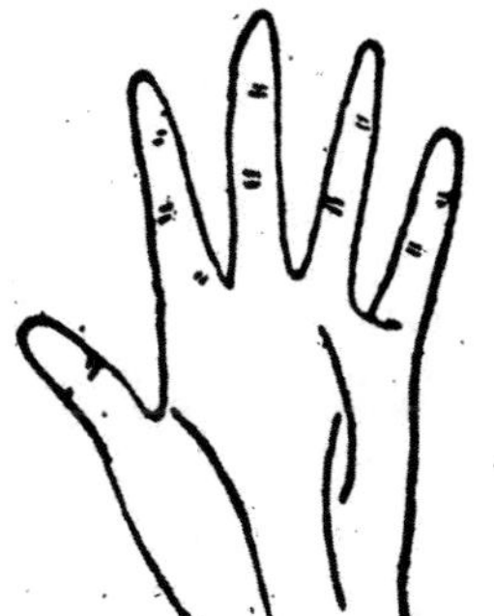

成功線有島紋，主因疏忽鹵莽而喪失權柄勢力。

— 37 —

成功線始自生命線，主因家世淵源之關係，知名藝術界。

— 38 —

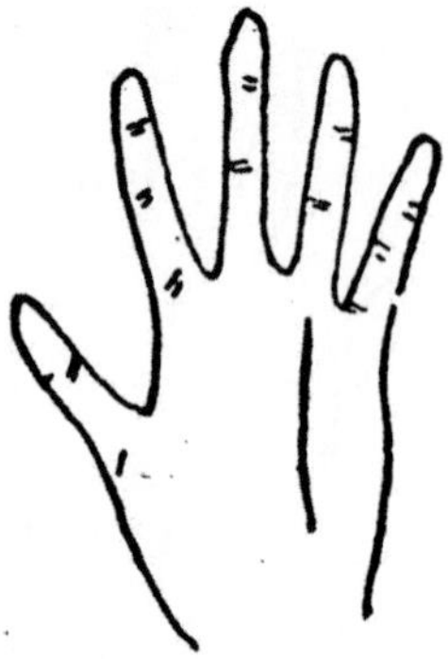

成功線之始自掌心者，主早年努力，晚年成就。

— 39 —

成功線淸晰，主於藝術或文學等富鑑別力。

— 40 —

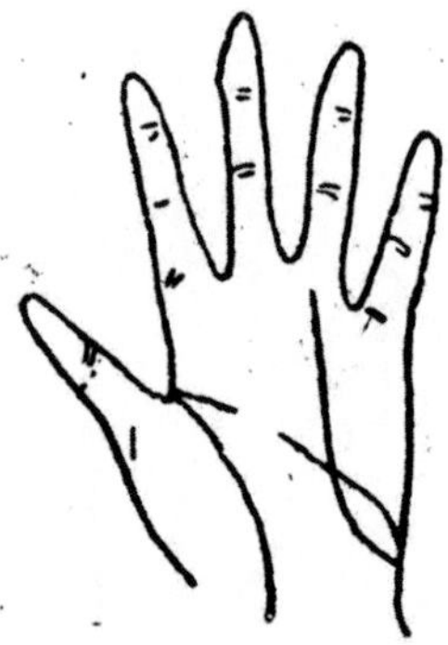

成功線始自月球陵，止於太陽陵，主得異性之助而有所成就。

— 41 —

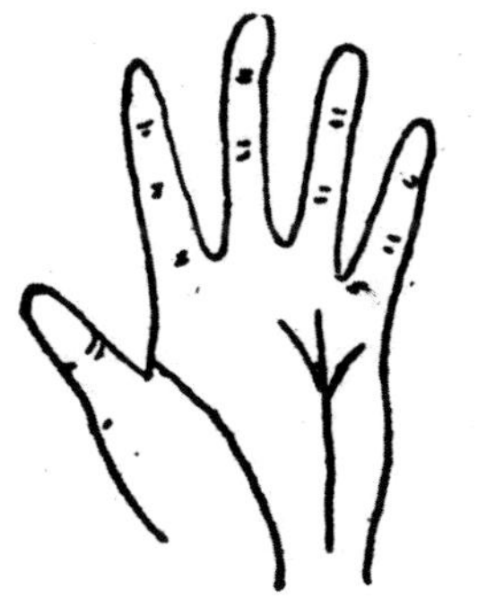

成功線紅潤，主才幹正在發展；灰白，主雖有技能尚待歷練；闊而波曲主愚蠢。

— 42 —

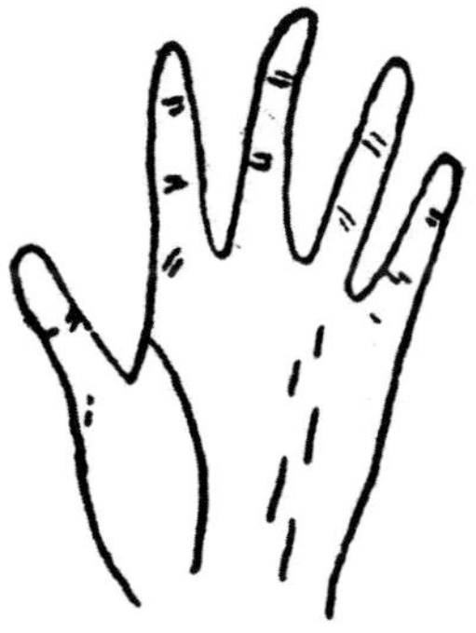

成功線斷落，主能應付環境，但結局未必皆能滿意。

— 43 —

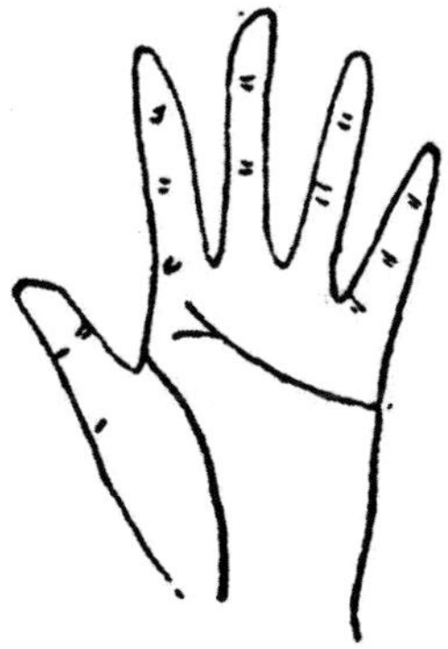

感情線通常始自火星陵與水星陵之間，位於手之邊部，通過太陽及土星陵之下，尾端分岔，止於木星陵。

— 44 —

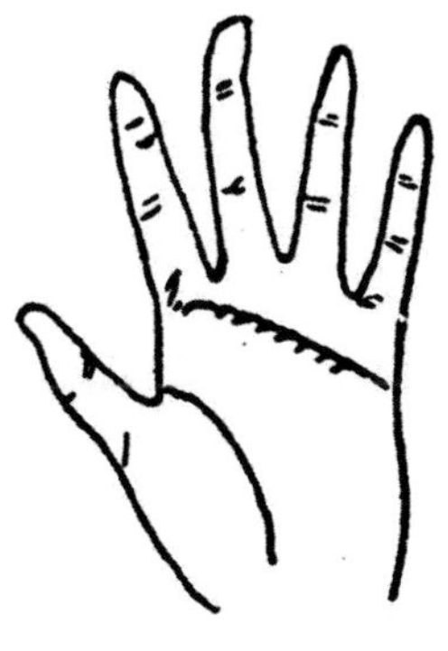

感情線上有小斑點或短線，主情場失意。

—45—

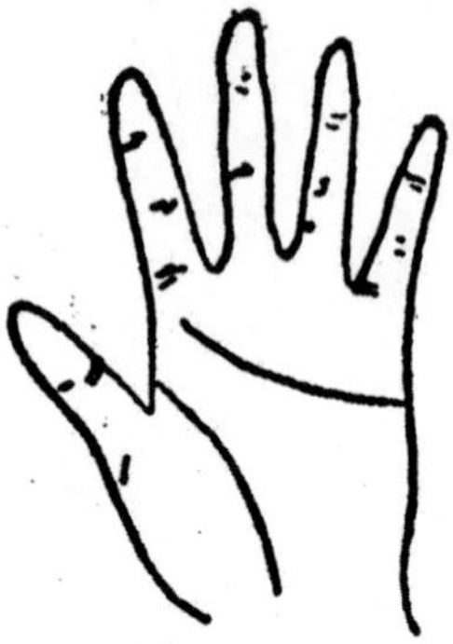

感情線止於木星陵，主係戀愛事件之夢想家。

—46—

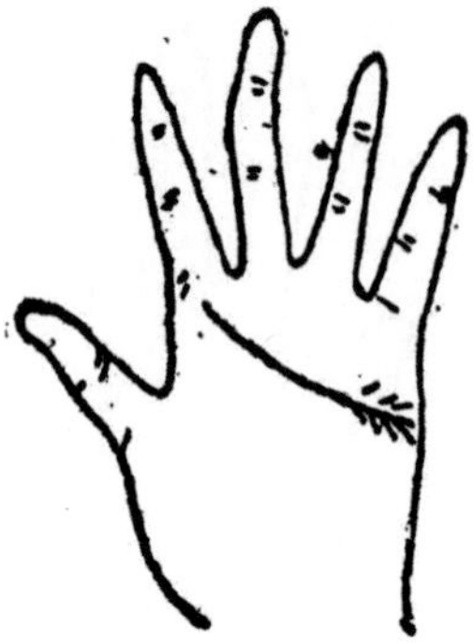

感情線於開始多生支岔，主熱情。

—47—

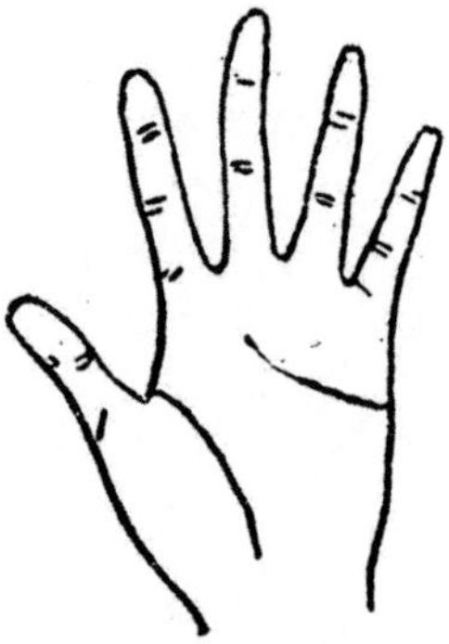

感情線止於土星陵，主好色。

—48—

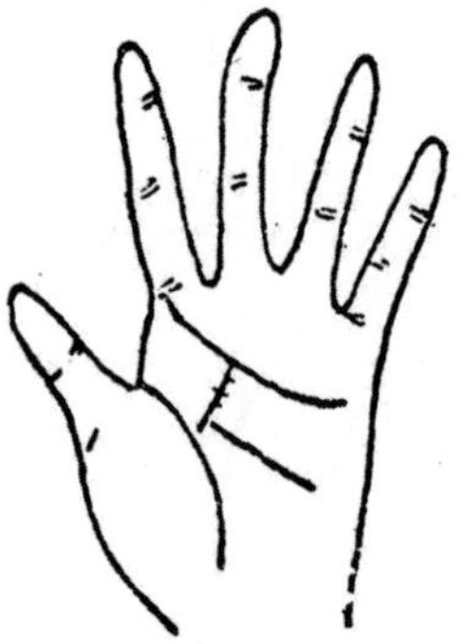

線自感情線下垂，中有他線穿過，主衆叛親離。

— 49 —

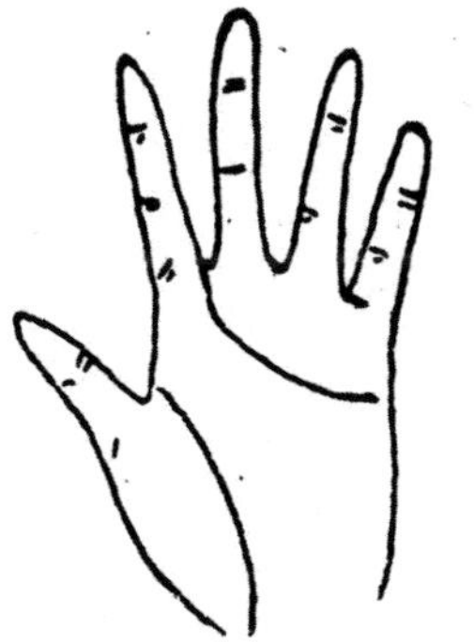

感情線止於木星陵與土星陵之間，主喜怒不形於色。

— 50 —

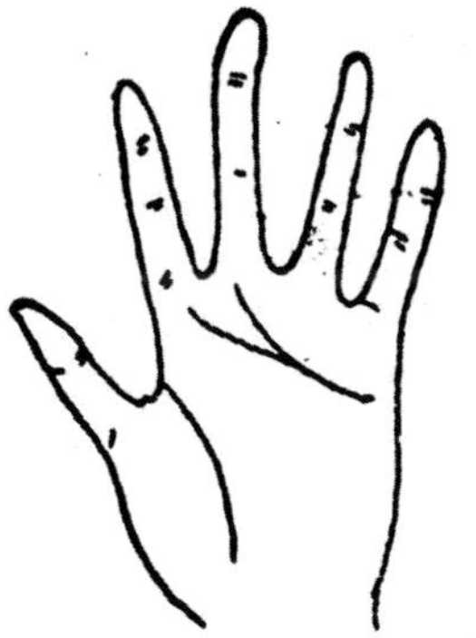

感情線岔至木星陵與土星陵，主於戀愛難獲快樂。

— 51 —

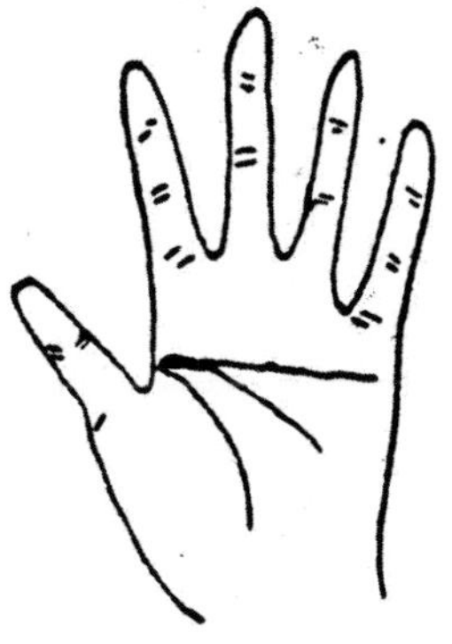

感情線連接理智線與生命線，主任性放縱。

— 52 —

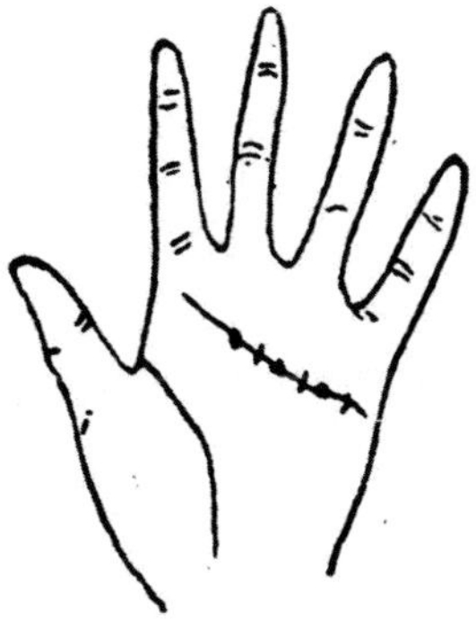

感情線有波折參差，主諂媚。

— 53 —

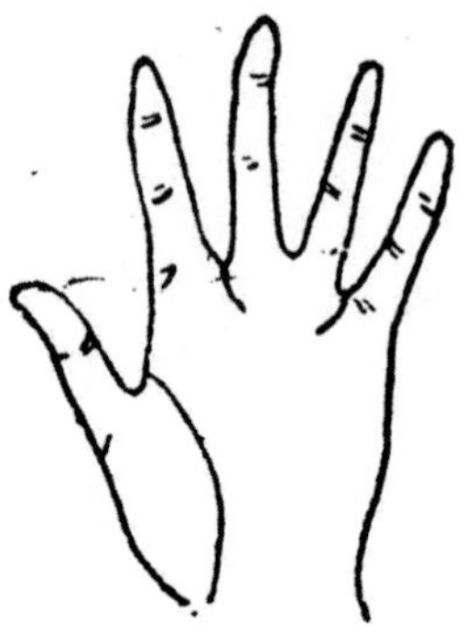

金星帶始於食指及中指之間，止於第四指及小指之間。兩端僅見短小之線帶，主富於感情。

— 54 —

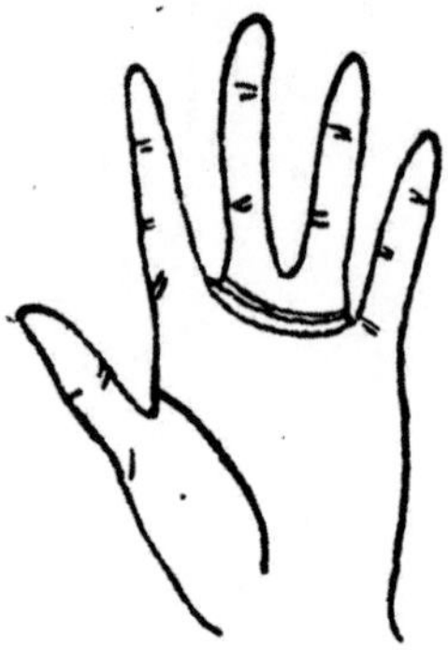

金星帶線紋重疊主心術不正，荒淫縱慾。

— 55 —

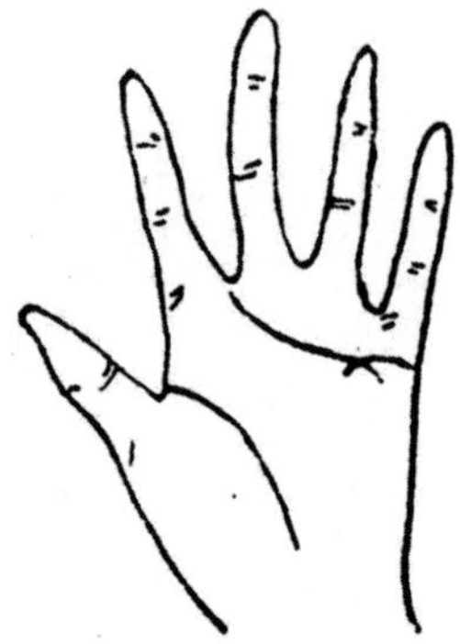

金星帶與婚姻線交錯，主拆散中傷，或奪取他人姻緣。

— 56 —

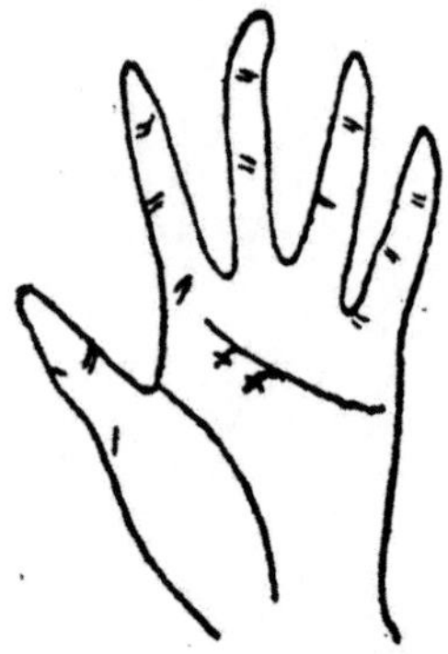

感情線下附有十字紋或星狀紋主戀愛有望。

— 57 —

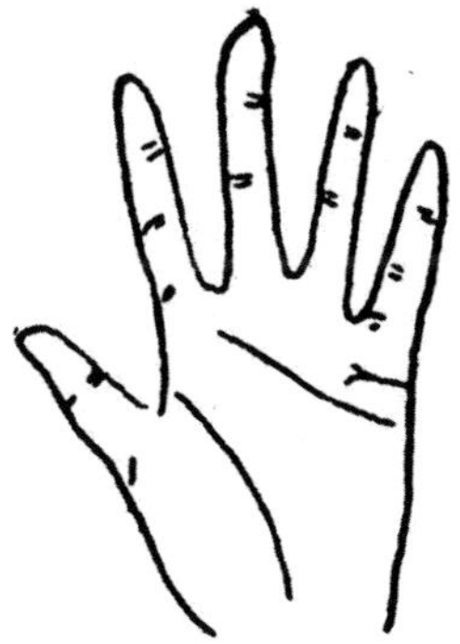

水星陵外之深紋爲婚姻線。（又稱結合線）

— 58 —

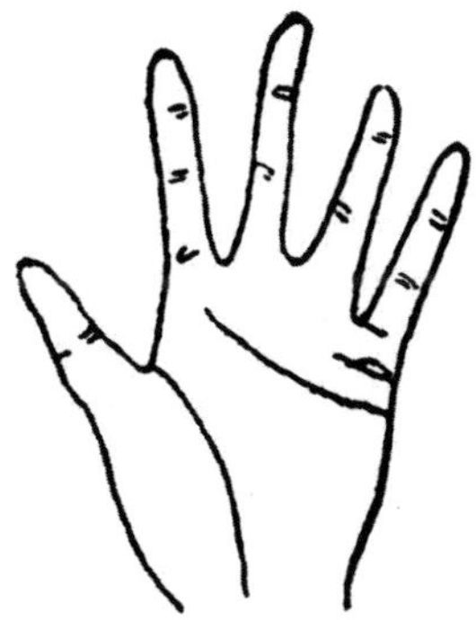

婚姻線上發見紋島，主愛情有變化，或則夫婦反目。

— 59 —

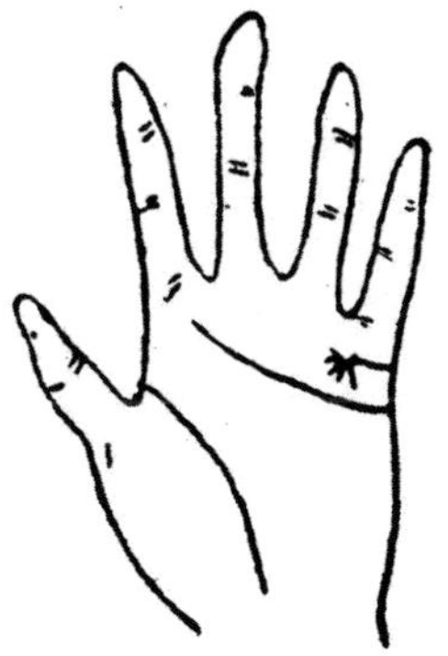

婚姻線上有十字紋，主配偶突然死亡。

— 60 —

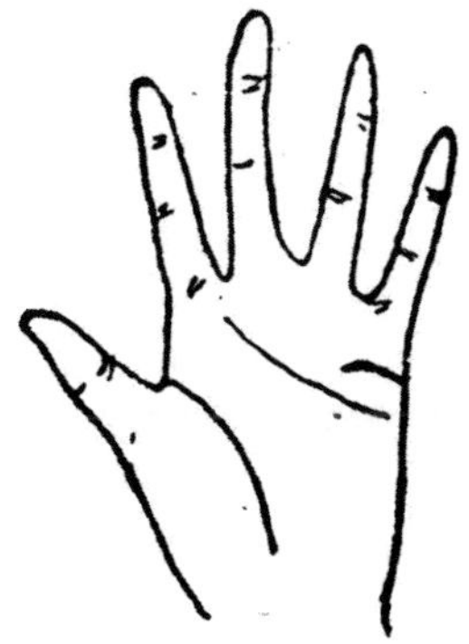

婚姻線偏向生命線，主本人壽命長於其配偶。

— 61 —

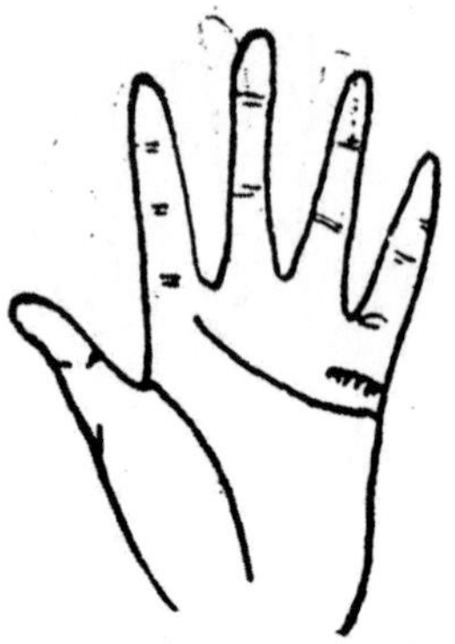

小線成列自婚姻線下垂，主配偶患病，有虛驚。

— 62 —

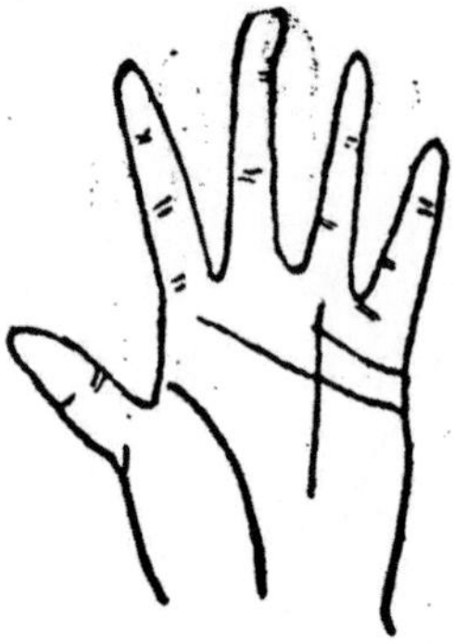

婚姻線止於成功線，主與名流或富人結婚。

— 63 —

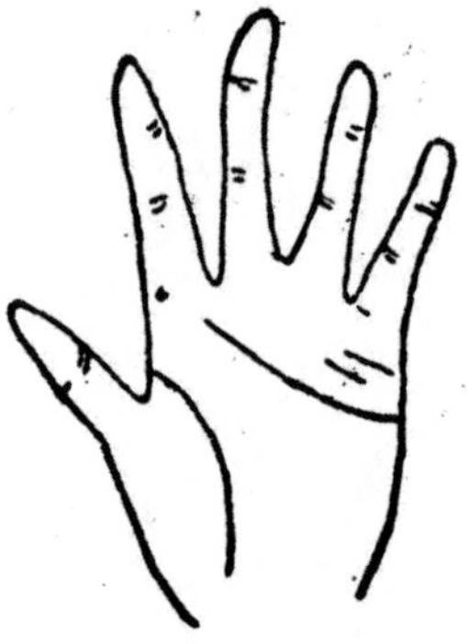

婚姻線中斷，主反目或離異；尾端交錯，主終當言歸於好。

— 64 —

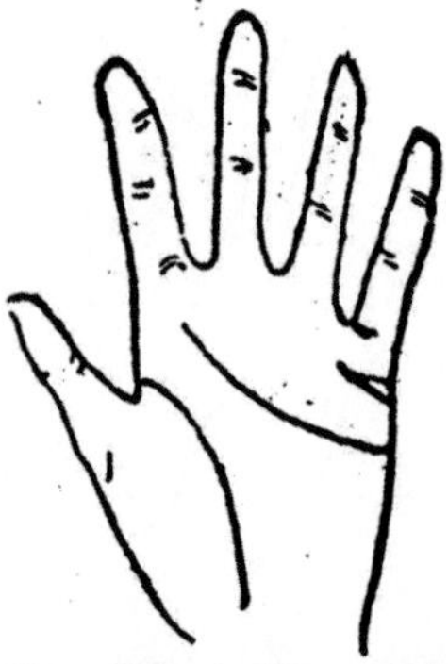

婚姻線開始成叉狀，主有嫌隙，障礙，悔婚，成婚延期。

— 65 —

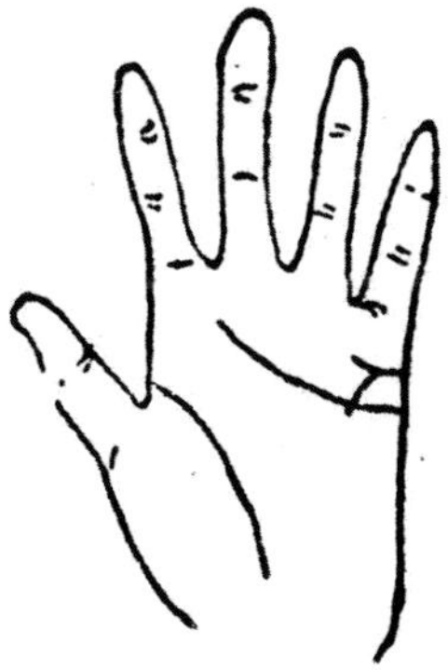

婚姻線開岔，連接感情線，主姻緣拆散。

— 66 —

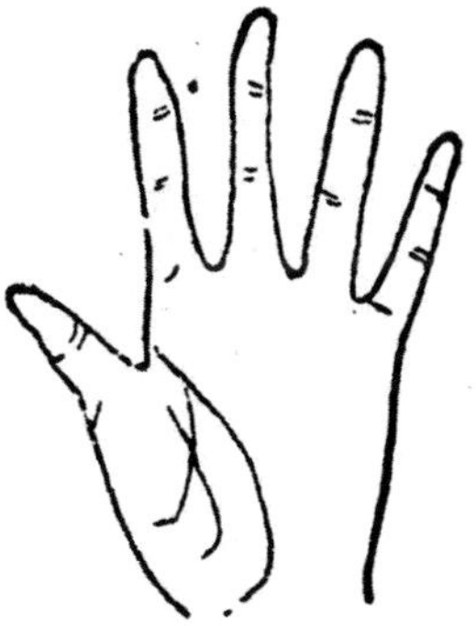

金星陵上之線，自生命線延伸而出，主因顧愛他人而受挫折。

— 67 —

影響線（非正式線紋）在金星陵上發現紋島，主失寵，喪權勢。

— 68 —

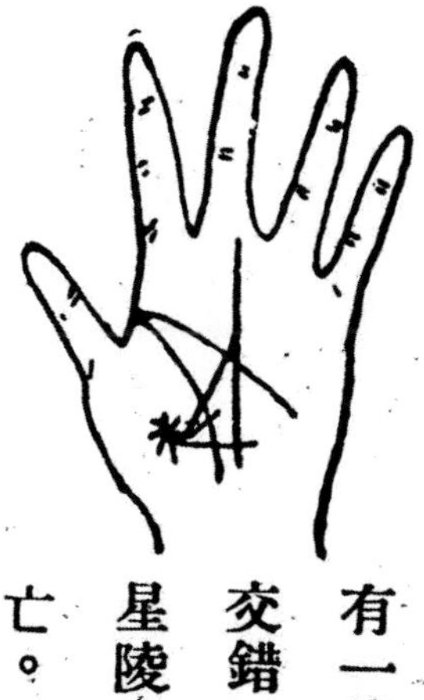

有一線與生命線交錯，而止於金星陵，主親人死亡。

— 69 —

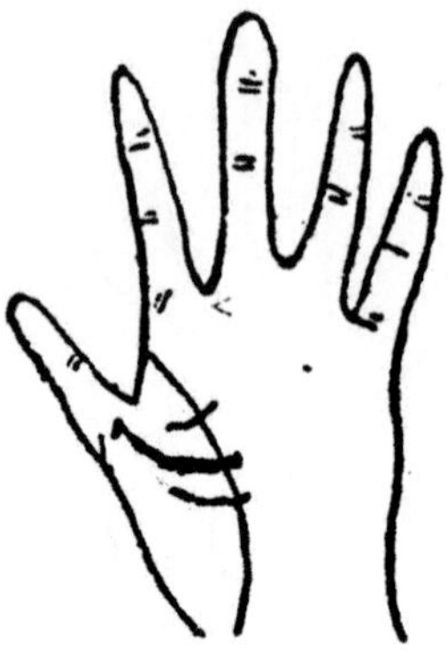

一深線自拇指基部直達生命線，主愛人變節，或死亡，大凶。

— 70 —

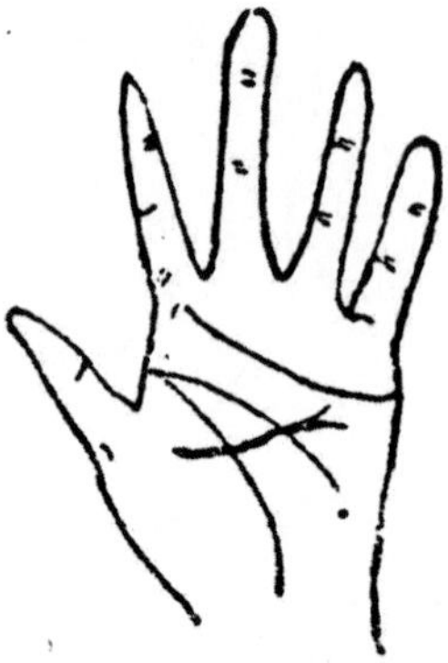

一線始自金星陵而止於火星陵，末稍分岔，主反目或離異。

— 71 —

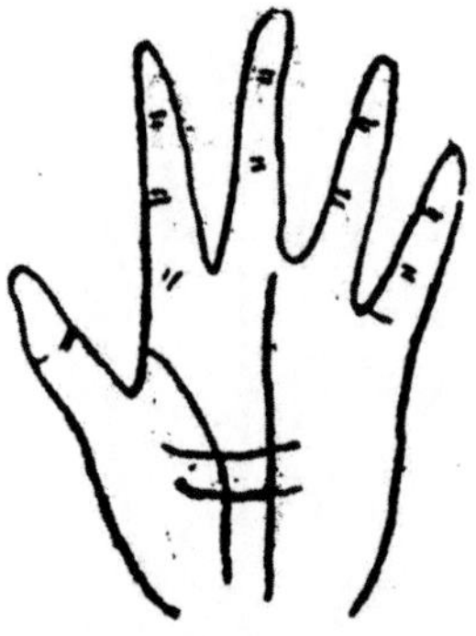

線紋橫貫生命線與命運線，主在事業方面，與親族反對。

— 72 —

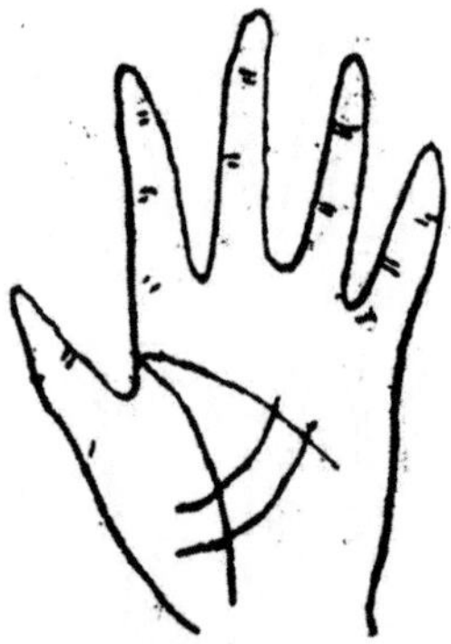

線紋穿過生命線與命運線，止於理智線，主個人事業有阻礙。

— 73 —

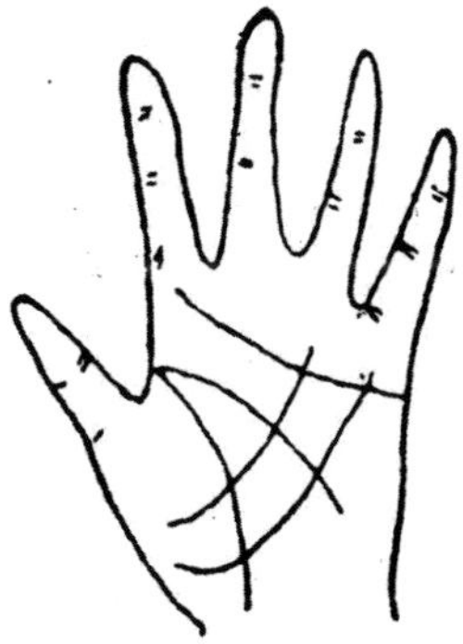

線紋穿過生命線及命運線，與感情線交錯，主有家務糾紛。

— 74 —

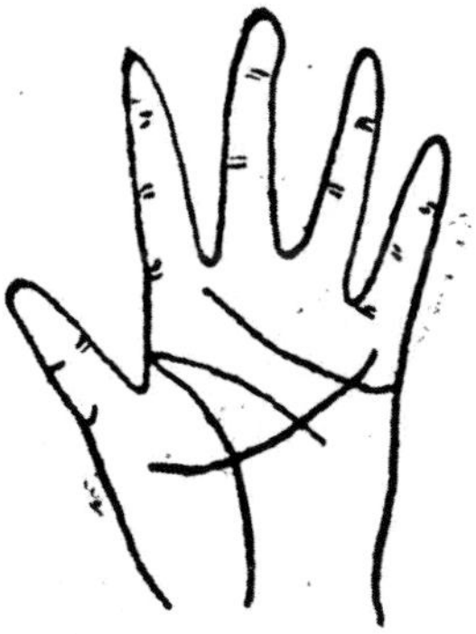

一線穿過生命理智感情諸線，止於水星陵，主分離，或有離婚訴訟。

— 75 —

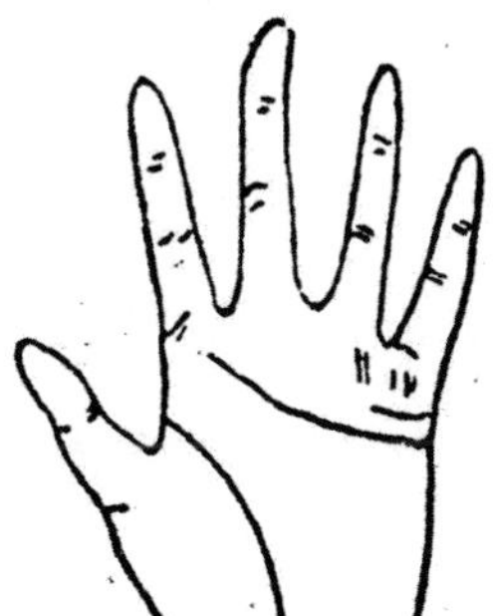

婚姻線上方之垂直線，主子女；直而清晰者主多男，曲而模糊者主多女。

— 76 —

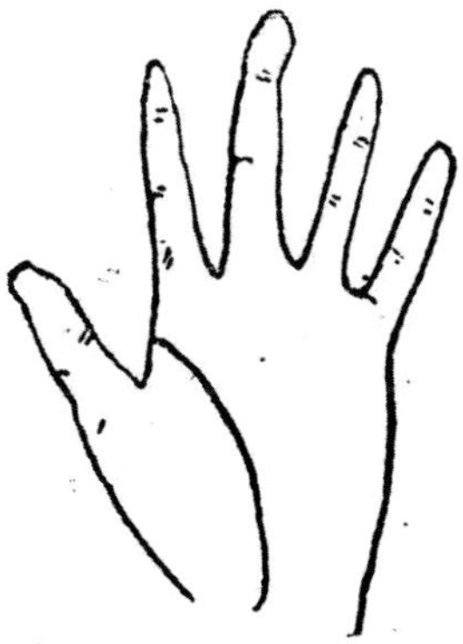

生命線通常始於木星陵之下，繞過金星陵，止於手腕。

— 77 —

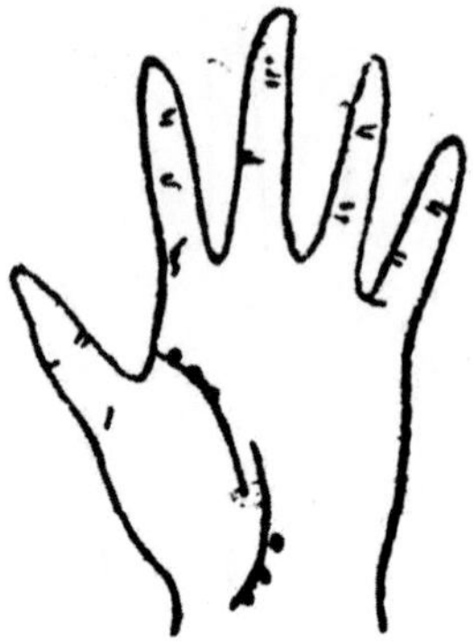

生命線斷裂，主重病；斑點主小病；斑點黑者則主重病。

— 78 —

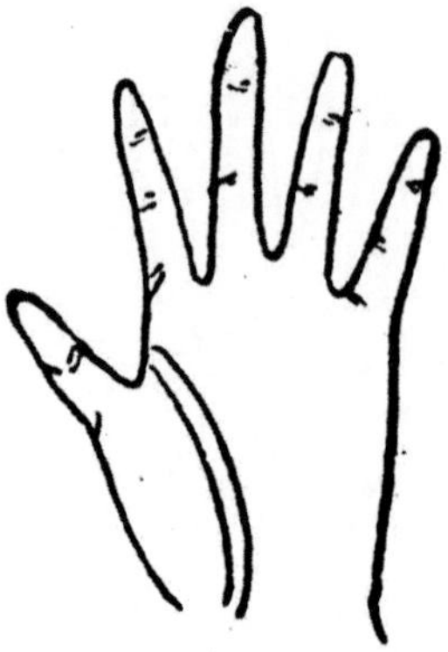

雙生命線主個性剛強。及生命保障。

— 97 —

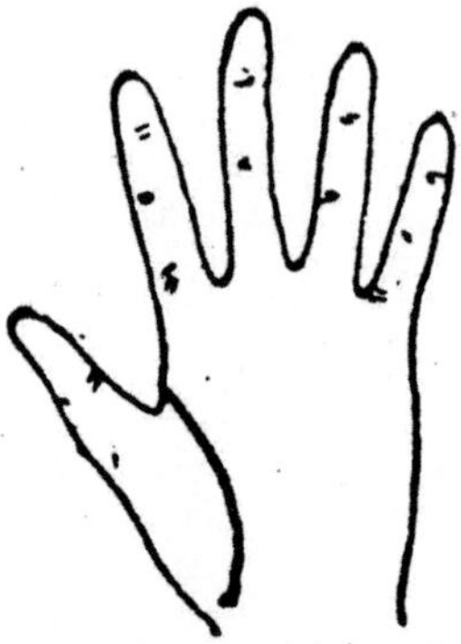

生命線始自拇指附近，主健康欠佳，時有疾病纏身。

— 80 —

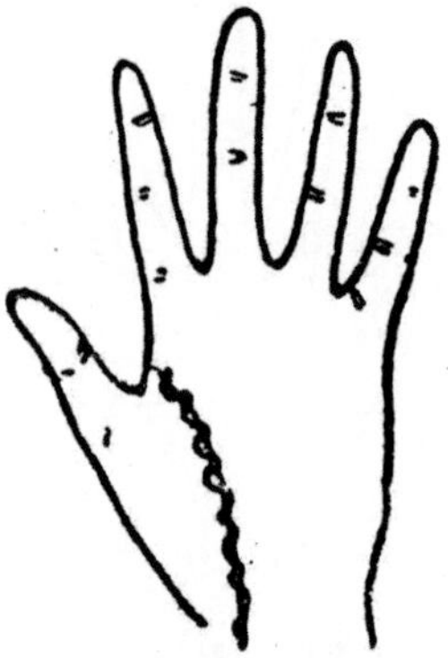

鍊狀生命線主性情溫雅。

— 81 —

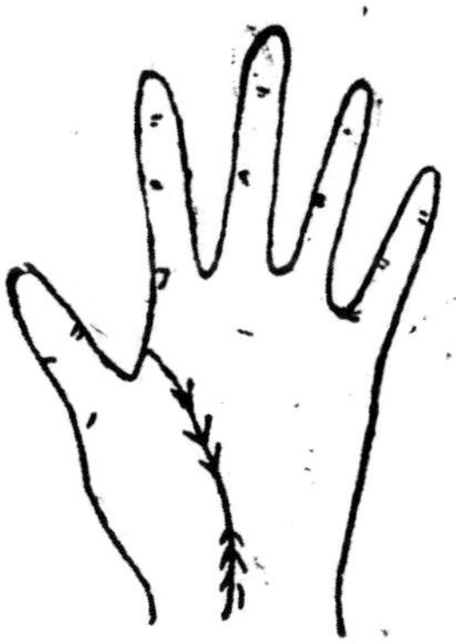

生命線上叉紋下垂，主體質日趨衰弱；叉紋向上，主日臻康健。

— 82 —

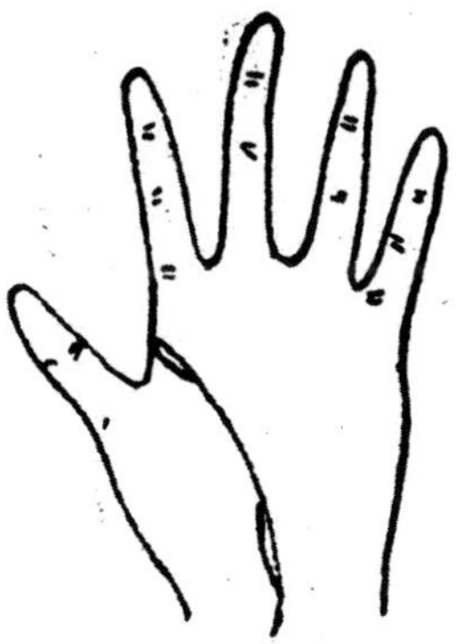

生命線上有紋島，主當年萎靡不振。

— 83 —

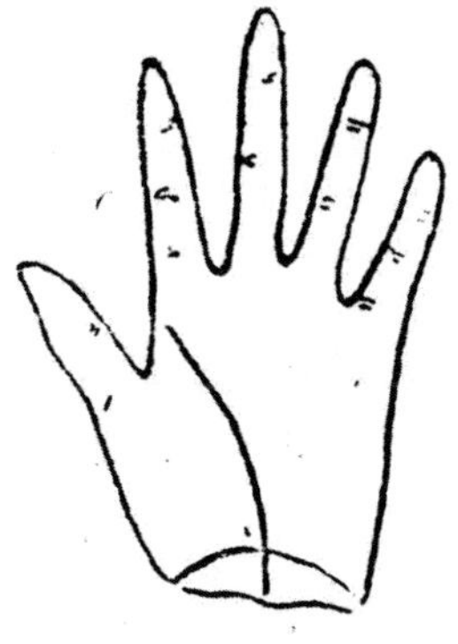

腕環線自金星陵彎至月球陵，主生產力薄弱。

— 84 —

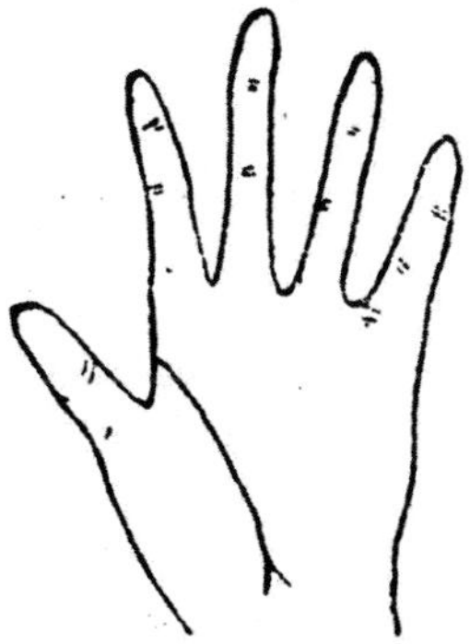

生命線末梢裂爲叉狀，主當年不利。

— 85 —

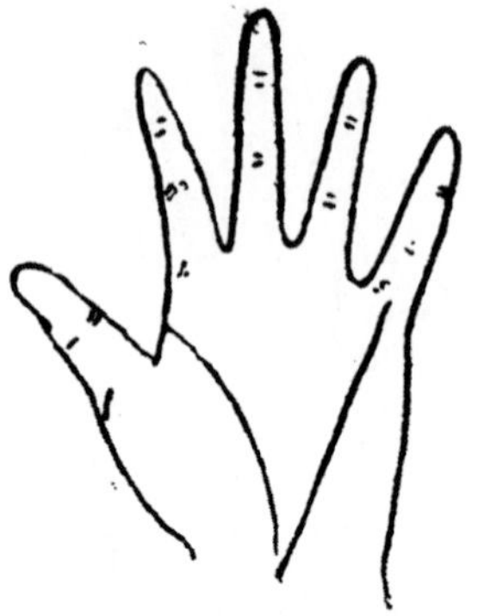

健康線通常始自水陵星，斜穿過手掌。

— 86 —

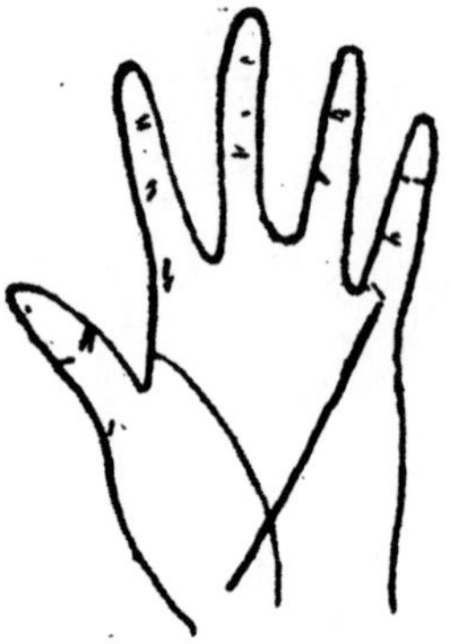

健康線與生命線交錯，主生命危險。

— 87 —

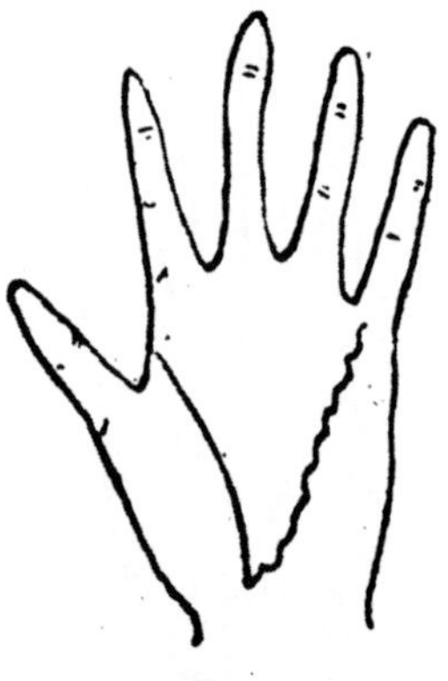

健康線不直，主體質欠佳。

— 88 —

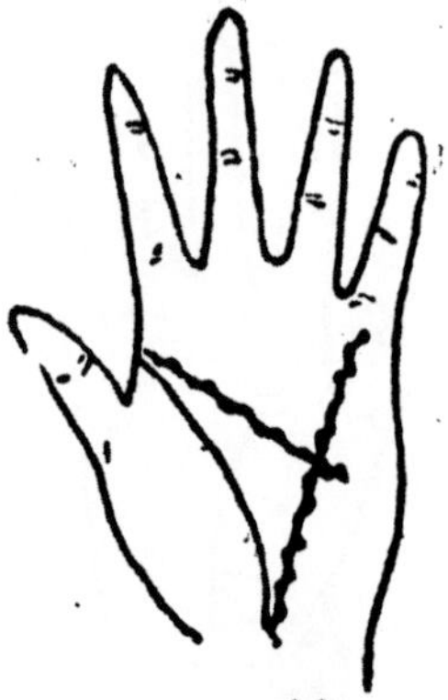

健康線上有紋島，主肺臟有病。

— 89 —

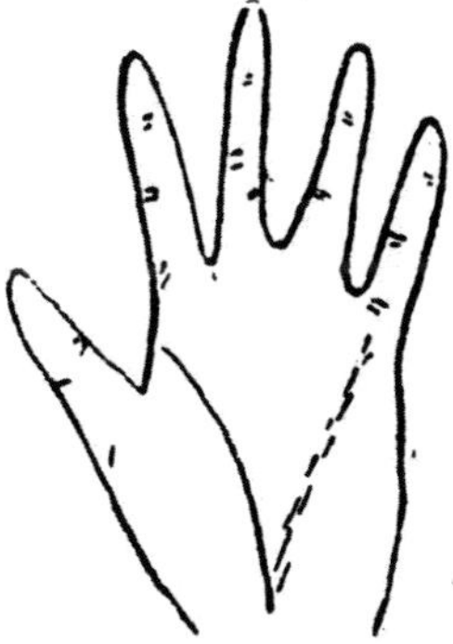

健康線斷裂，主消化不良，時生疾病。

— 90 —

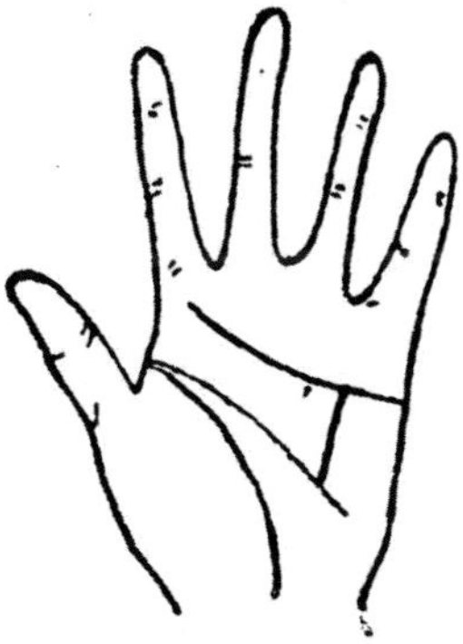

健康線連接理智線與感情線，主大腦有病。

— 91 —

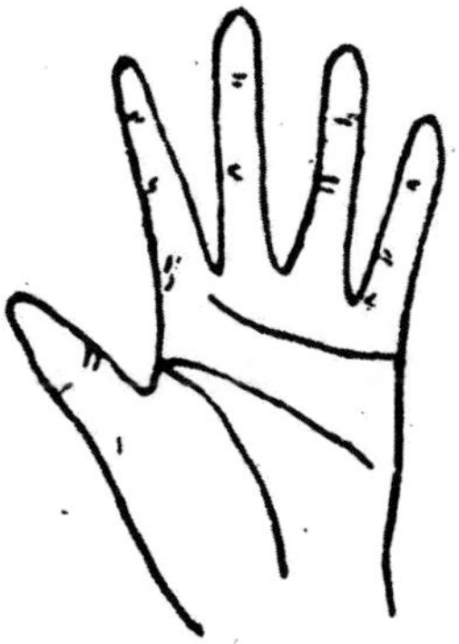

理智線通常始於木星線及金星陵之間，止於火星陵與月球陵之間。該線主智慧。

— 92 —

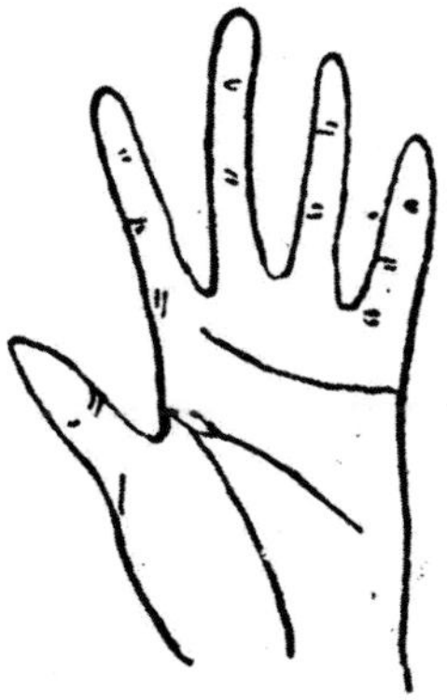

理智線於起始有紋島，主頭腦有病。

— 39 —

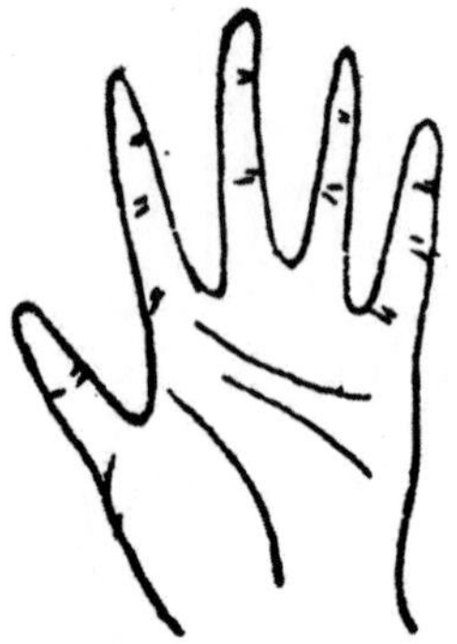

理智線於土星陵鄰近感情線，主呼吸器官有病。

— 49 —

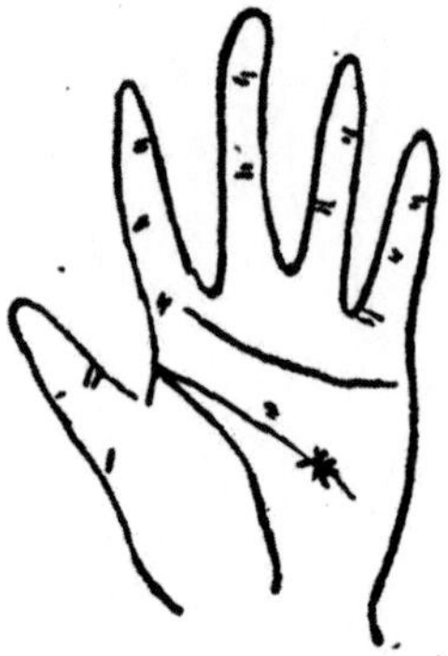

理智線上有星狀紋，主頭部將遇意外。

— 95 —

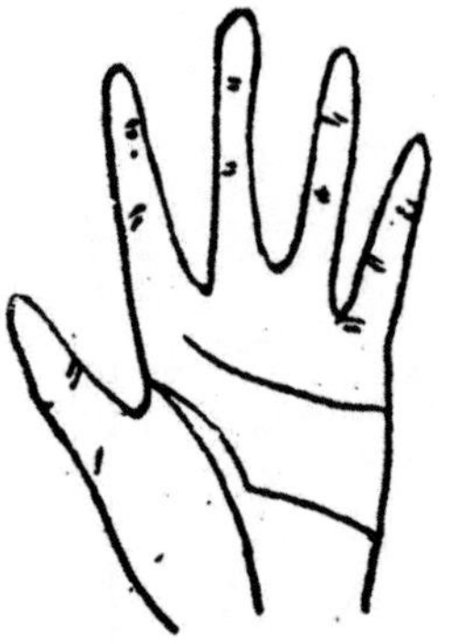

理智線之一部分與生命線鄰近，主少年時代常患腦病。

— 96 —

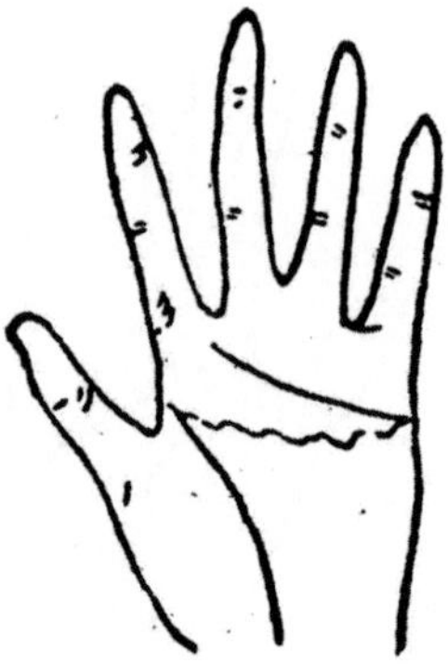

理智線屈曲，上達感情線，主神經錯亂。

— 97 —

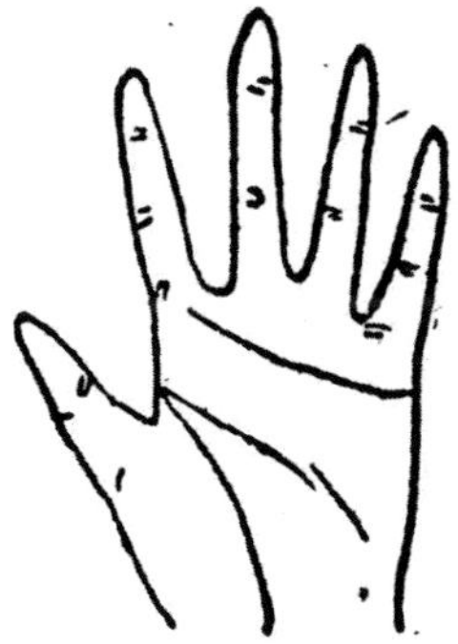

理智線斷裂，主頭部有病，或將發生意外，甚至有性命之憂。

— 98 —

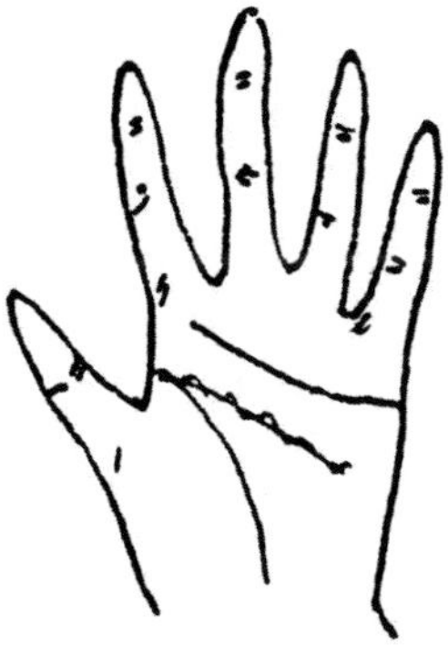

理智線成練狀，或形態不規則，主記憶力薄弱，不專心。

— 99 —

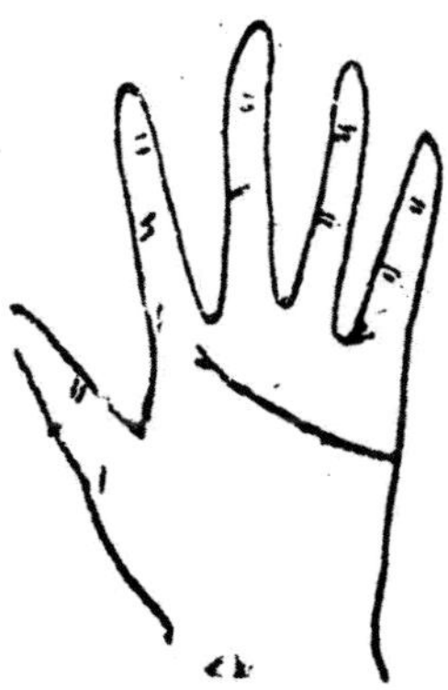

感情線通常始自火星陵與水星陵之間，位於手之邊部，末梢分岔止於木星陵。

—100—

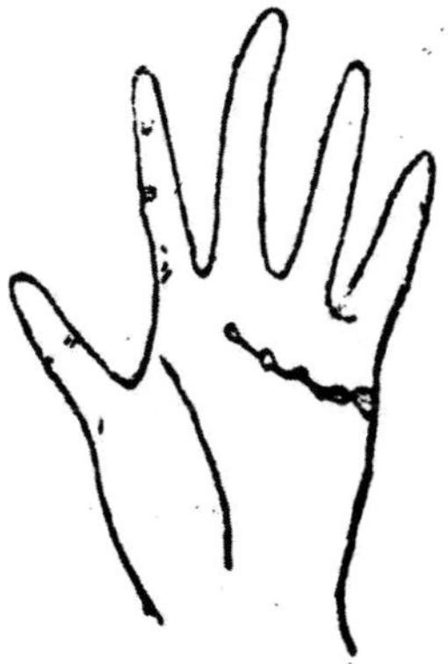

感情線如練，主因心臟病而體質衰弱。

—101—

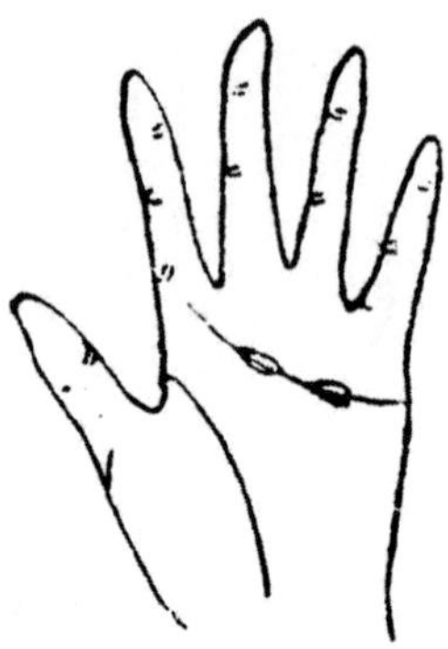

感情線於太陽陵下發現紋島，主有目疾，在土星陵上者，主循環器官有疾病之憂。

—102—

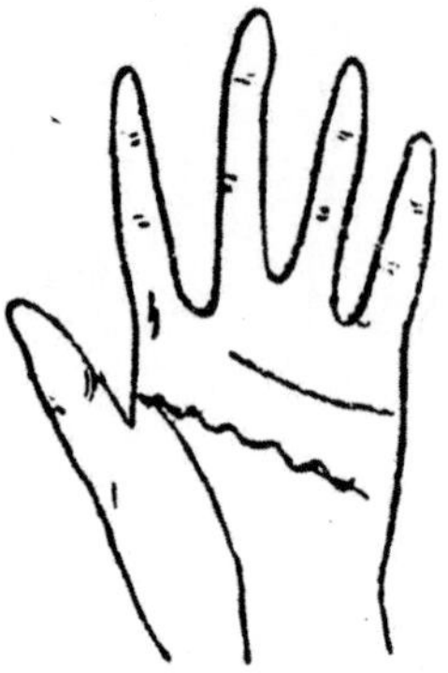

感情線止於土星陵，主陰性有隱疾。

—103—

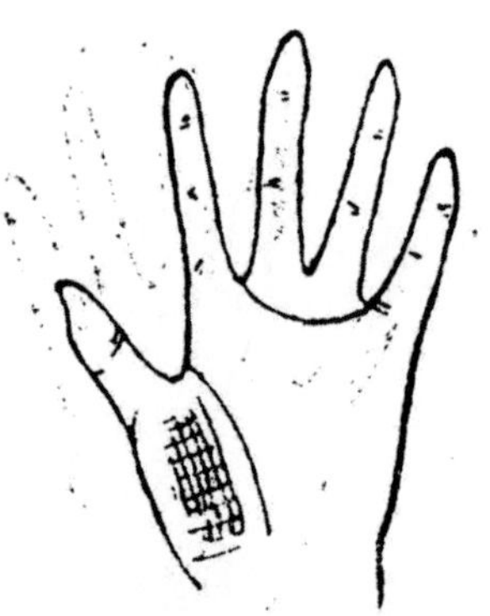

金星帶紋深色紅，金星陵紋線交錯，主對性難馴。金星陵交錯之紋線稱爲金星陵方格子乃表示美麗之增加與性慾旺盛，每一條紋線對他（有關係之親人）都有影響，印度相法綦言之。

—104—

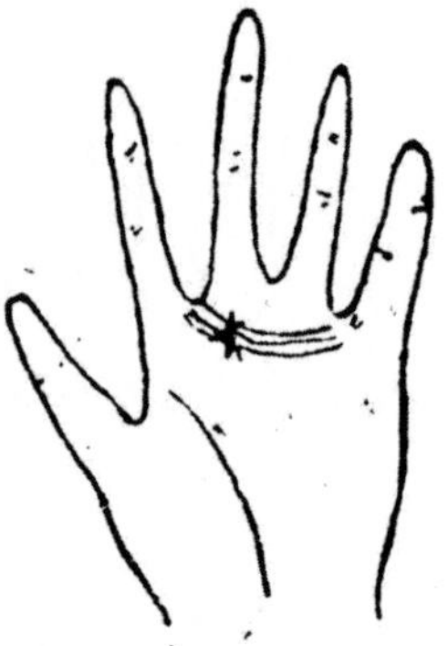

金星帶三層，上有島紋，主患不治之血症。

—105—

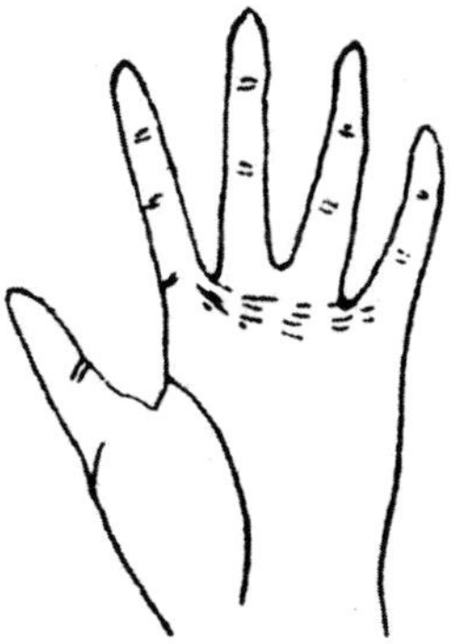

金星帶三層，皆斷裂，主神經衰弱。

—106—

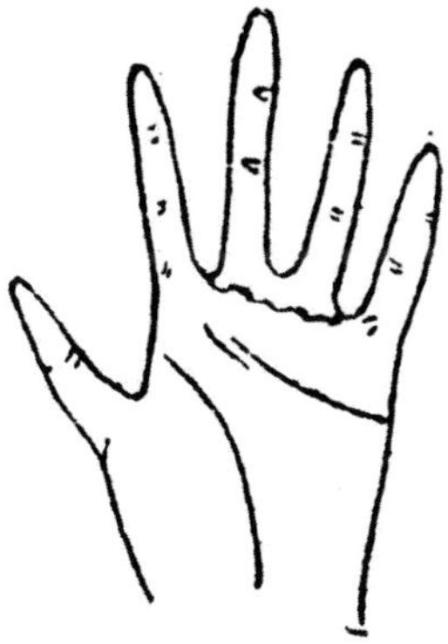

金星帶屈曲成波浪形，位於中指四指基部，主富於感情，易受刺激。

上面所寫掌形理論及法則與示範，力求扼要淺近。讀者苟於此中能加熟記，並參考附編刊載之名人掌形，實際例證，則對於一己對於他人之掌形及命運，必有正確之認識。若欲造詣更深，著者不日再有關於此道之鉅著，繼此書而出版。仍委託上海心靈科學書局發行。

印度某王邸，藏有手相祕籍，內容備載手掌紋理詳圖，皆附說明。言某圖爲某一著名人物之掌，摘示其紋理吉凶所在；并載明該圖於何時何地仿製而來；文字則鑄黃金爲之。古色古香，彌覺珍貴。　按本書附編，乃搜集世界知名人物七十子之掌形，製圖附說，添寫小傳，用饋學者，蓋亦仿法於是。

萍客

世界名人掌形

附小傳

前言

掌形之一切秘要，在本書之前部已大致說明，並附以掌型示範，各個摘出，以備學者有所繩法。茲又搜集世界名人七十子之掌形製圖各附小傳，學者得此，不啻與名人晤對一堂，既可供實習資料，而於個人修養方面，又得不少借鏡。是則本書於發闡掌形，提供相手、觀掌之方法以外，復負有指導青年如何立身處世之使命。有志之士，人手一編，潛心研究，不難達到成功之途，當可預卜。

以次所列名人掌形，多數取材於 Josef Ranald 所著之 Masters of Destiny 文字部分由友人劉正訓先生迻譯，說明部分以及材料之增減去留，悉由鄙人總其成，特一并識之。

余萍客

勇敢線

羅斯福總統之掌有此線

〔說明〕此線爲理智線之變型，其發軔高在掌邊食指之下，仰彎向下延伸，而末端幷不低垂，故稱勇敢線。主敢作敢爲，無所畏懼，有打破困難之決心。（另有其他特徵從略）

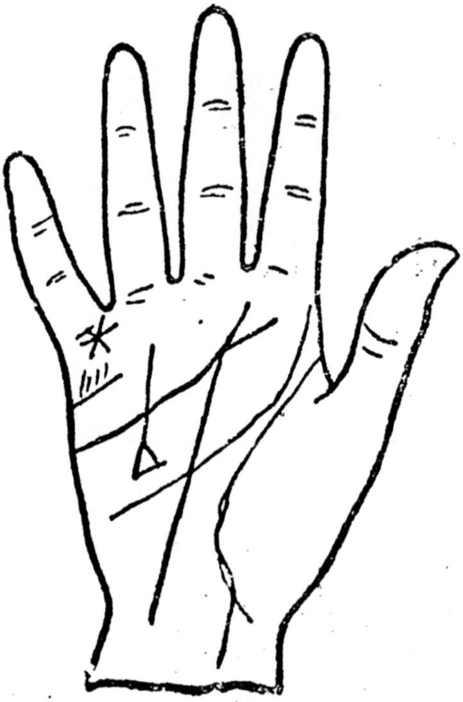

羅斯福總統手掌小特徵

二

佛來克林・羅斯福

小傳

佛來克林・德賚諾・羅斯福，係美國連任三屆大總統，曾任紐約州長，最近二十年中，在政治上所負使命，至爲艱鉅，卒能克服困難，復興國家，不愧爲民治政府之領袖。

羅斯福一八八二年一月三十日生於紐約海黛公園區。少年體質强壯，讀書之外，酷好運動。一九〇四年哈佛大學畢業，獲文學士學位，又進哥倫比亞大學法學院，研究法律。一九〇七年充當律師，出庭辯護。一九一〇年投身政界，當選州議會議員。一九一三年威爾遜總統特任爲海軍部副部長，第一次歐戰期內，於美國海軍頗多興革，功績卓著。一九二〇年與

美國大總統——佛蘭克林．羅斯福

勇敢線——羅斯福

FRANKLIN D. ROOSEVELT

俄亥俄州詹姆士．柯克士同作總統競選，未能成功，但其姓名由此而得國人注意，實有裨於次屆之總統競選。一九二一年突患痲木不仁之症，自腰部以下，知覺全失。僵臥數月，後終掙扎而起，勉力參加各種政治活動。繼乃組織喬治亞溫泉俱樂部，作各界人物交際場所，並附設兒童招待處，自任招待之職。終日與天眞之兒童相處，嬉戲運動，病軀大蒙其益。日久所患若失，霍然而愈。一九二八年當選紐約州長，一九三〇年連任。羅斯福性情溫和，待人接物，率性往還，絕無階級觀念。爲政則計劃周密，令出即行，不以遭遇任何困難，而改變初衷。一九三二年秋季當選總統，竟連任至第三屆，爲美國總統中任職最久之人；以共致力復興運動，援助其他民治國家，敢作敢爲，在美國實爲不可多得之元首云。

三

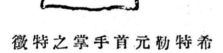

思想行動一致線

希特勒元首之掌有此線

(說明)掌紋四條，幽靜明朗，而無支岔，尤其命運線起自掌基，直向上衝，類一孤寂長途。主思想行爲一致，勇往邁進，煊赫一時。(於各線延伸之末端，皆適逢交加線或島嶼線，此另爲一種特徵今從略。)

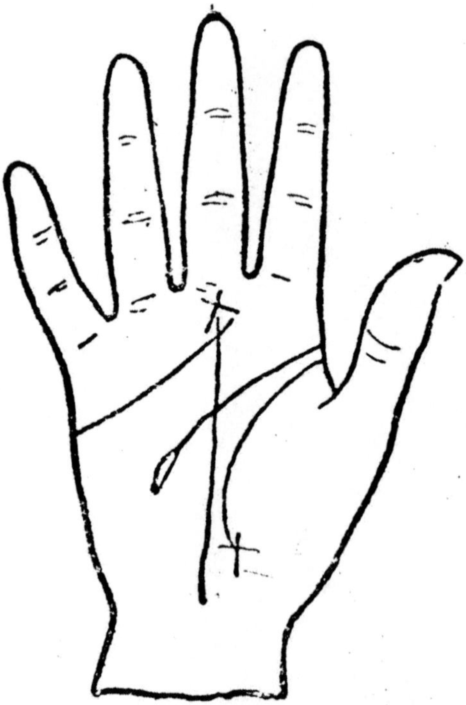

希特勒元首手掌之特徵

亞道爾夫・希特勒小傳

亞道爾夫・希特勒爲德國法西蒂領袖，因緣時會，得代興登堡而爲元首，喑嗚叱咤，全世矚目；秉政數年，精勵圖治，國力日强，有恢復帝制時代舊觀之趨勢，不可謂非傑出人材。一八九〇年生於德奧邊境，父爲稅吏。十三歲父喪，自謀生活，爲建築公司繪圖員。雖生於奧，而自承爲德人。歐戰時投德軍自効，爲志願兵，在前線達四年之久。休戰後，因有親德色彩，不能安居故鄉。在斯托利亞省若干時，復回德國，居住馬尼哈，卽現在納粹總部之所在地，從事各種政治活動，並結識名將魯登道夫。一九二三年在馬尼哈集合黨人，向柏林進發，希圖推翻政府；不料出

德國元首，世界政局之重要主角——亞道爾夫．希特勒

思想行動一致線——希特勒

ADOLF HITLER

發未久，已被當地警局所包圍，略事抵抗，即告解體。希特勒被拘在高等監獄受徒刑三年之處分。一年後假釋出獄，不稍氣餒，仍從事法西蒂之組織。彼之演說具聳動力量；德國擁護法西蒂之選民，初期完全由於自動，總數達五百萬名，均係爲彼之演說所感動者。彼在羣衆前慷慨陳辭，激烈懇切之神態，感人至深；但參加小組會議，或作個別訓話，則吶吶若不能言。彼與墨索里尼政治主張大體一致；所不同者爲敬禮之格式。墨索里尼定國社黨敬禮爲急伸手臂，各指分開；希特勒則需手臂緩伸，各指併合。希特勒在獄著我的奮鬥，銷行全球，在德國則爲人民必讀之書籍，敬謹遵守，不得肆意批評，一若耶穌教徒之於聖經。此次歐戰之發生，德國勢力急激膨脹，即希特勒所手造云。

領袖星及護命方格子

墨索里尼首相之掌有此線

〔說明〕領袖星在食指下，有領袖天才者多有此星。又掌上各線每多斷落，皆為生命危險之徵象，適遇有方格子線為之彌縫，故其過去能逢凶化吉，得從危險中掙脫生命。（另有其他特徵從略）

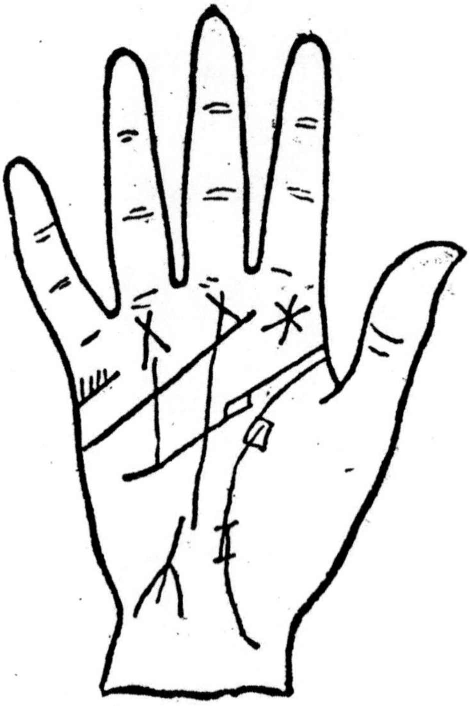

墨索里尼首相手掌之特徵

彼尼託・墨索里尼小傳

彼尼託・墨索里尼 Benito Mussolini 係意大利首相與法西蒂領袖，四千萬意大利民衆之實際統治者，企圖恢復古代羅馬帝國之版圖，稱雄全歐。生於意境滔佛Dovia。父業鐵匠，為理想主義家，曾因領導社會運動，屢被政府拘禁。墨索里尼幼年，頗受渠父理想主義之影響；但渠母於彼之影響亦甚鉅大。母係學校教師，督責極嚴。墨氏厭惡呆板之學校教育，乃就母氏學習各種之學科。尤好奏梵亞鈴，稱此道之

BENITO MUSSOLINI

意大利首相，法西蒂首領，握全國軍政大權
——彼尼託・墨索里尼

領袖星及護命方格子——墨索里尼

能手。據彼語人，若非渠母從旁禁止，今日或爲職業的提琴家亦未可知。彼漫游歐洲各國，以教書或做工爲生，所至必採風問俗，研究語言政治及文學。在奧地利爲旅行畫家，在法蘭西爲勞工。閱歷既多，政治見解漸告成熟。回國刊行夜報，寫作詩歌，因行動神秘，入獄凡十一次。初次歐戰爆發，墨氏大露頭角，爲著名之愛國份子。在前線浴血抗戰，受創四十二處。傷愈後領導法西蒂信徒，佔領羅馬，排除異己，略地非洲，第二次歐戰既作，乃成世界政局之主要角色。

果斷十字

威士頓・邱吉爾爵士之掌有此線

〔說明〕此十字線在食指下，觸及理智線，主其人性格果斷，百折不撓。理智線之末端，有岔線三條，主饒富機智，為應付環境之長材。（另有其他特徵從略）

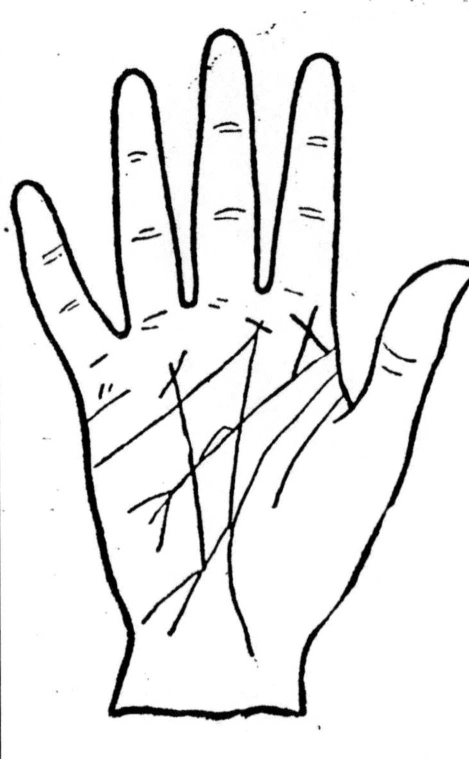

邱吉爾爵士手掌之特徵

威士頓・邱吉爾小傳

威士頓・列安諾得・斯賓塞・邱吉爾爵士 Rt. Winston Leonard Spencer Churchill 為英國大政治家，能著述，擅講說，且係多才多藝之軍人。一八七四年十一月三十日，生於白利漢宮 Blenheim Palace，為藍道爾夫・邱吉爾 Randolph Churchill 爵士之長公子。以出身貴族，特至山得赫士 Sandhurst 求學，成績優良，大為該校師生所嘆服。學業結束後，投筆從戎，參加戰役十餘次。一九〇一年，初次當選為下議院議員，在議院中佔有相當勢力。嗣後其政治生

兩次歐戰中之英政府領袖人物，於文學有深刻研究——威士頓·邱吉爾爵士

果斷十字——邱吉爾

WINSTON CHURCHILL

活，一帆風順，聲譽日隆，地位日高。議員時代，公餘之暇，爲其父藍道爾夫·邱吉爾爵士作傳，一九〇六年完稿付刊，銷行全世界，一九〇八年初爲員，不久卽成爲近代英國政府之領袖人物。第一次歐戰初期，任海軍部長，旋於一九一五年去職。戰事結束，從事著述，發表其對於歐戰之觀感。成書四大卷，命名世界之轉機 The World Crisis。彼戰時身任要職，屢赴前線視察，所言皆親切有味。一九四〇年邱吉爾爵士於第二次歐戰初期，乃繼張伯倫之後，奉命組閣，全英表示歡迎，其素得國人信仰，於此可見云。

領袖星及激烈線

史太林首領之掌有此線

〔說明〕理智線高舉而領袖星在其高舉處之上；主不但有領袖才能，且意志堅強若鐵，百折不回，不達目的不止。感情線從掌湧起，成直角上升達中指基部主情緒激烈。

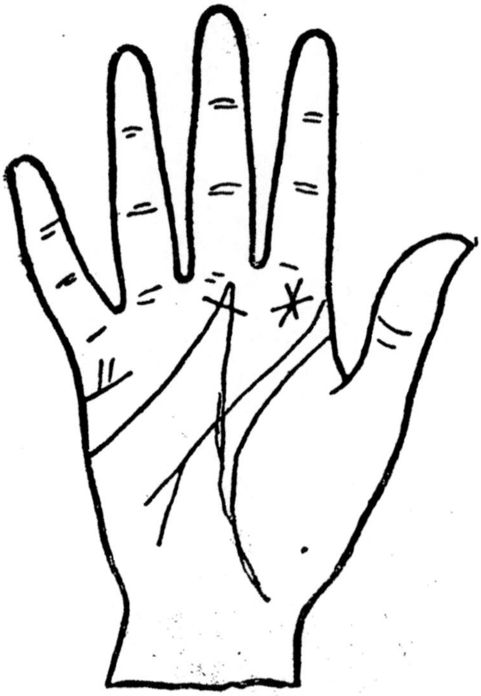

史太林首領手掌之特徵

瑟約・史太林小傳

約瑟・史太林 Joseph Stalin 統治蘇維埃聯邦，一生事蹟若傳奇然。一八七九年十二月二十一日生於波里Bori，父本為農民，後至製鞋廠充當工人。誕生時適近聖誕節，母名之為約瑟，以示紀念。十四歲肄業某神學院；該院為革命思想之發源地，民族主義與馬克斯主義之信徒，紛然並出。史太林於革命發生熱烈信仰，行動過激，曾為俄皇拘捕六次，脫逃五次，度放逐及監獄生活七年。一九〇二年初次在巴可被拘，監禁一年，流放東西比利

蘇聯之獨裁領袖，有「鋼人」之稱，革命前一度為職業的暴動家——約瑟・史太林

領袖星及激烈線——史太林

JOSEPH STALIN

亞，未及一月，即行潛逃。史太林在巴可獄中，獲識共產黨人，此後，遂為列寧之忠實信徒。自西比利亞戍所逃歸，於高加索組織共黨團體，響應列甯，並直接受其指揮。史太林之革命行動，日趨激烈，其日常生活悉消磨於監禁逃避流放拘禁之中，至一九一七年方告一段落；但渠意志堅強若鐵，從未稍示屈服。現在約瑟・史太林為蘇聯唯一領袖，擁有廣大之土地與革命之民衆，其思想行動，不獨關係全俄，抑且足以影響世界之大局，迨歐戰既作，蘇聯乃成舉足輕重之勢云。

機械天才橢圓環

汽車大王福特之掌有此線

〔說明〕此線發現於中指之下，與感情線造成橢圓環。主其人長於機械天才，知名全世界，因以致富。（另有其他特徵從略）

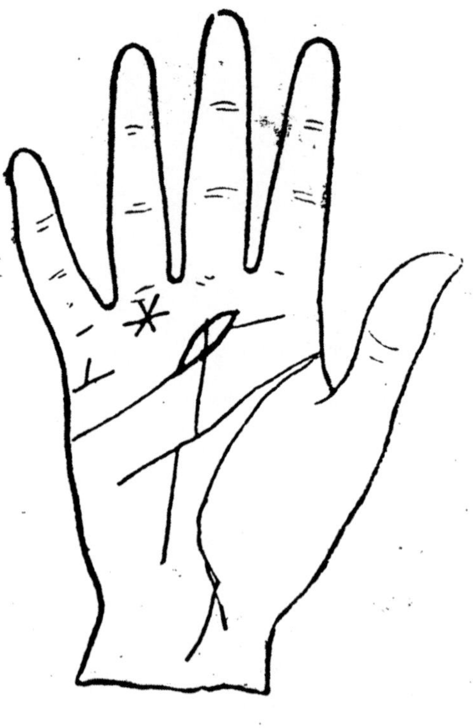

亨利・福特手掌之特徵

亨利・福特小傳

亨利・福特 Henry Ford 一八六三年七月三十日生於密歇根格林菲爾德 Greenfield 一田莊內。父母係富農，境遇甚佳，但福特少時，仍須助父母操作不稍寬縱。彼覺耕種墨守舊法，不求進步，不知利用機器，難望獲利，於是有改進農業之企圖。彼爲天生之機器製造家，幼時以機器爲玩具，能將鐘錶隨意分拆，後又裝配成一完好之鐘錶，時年僅十有三歲。初因錶爲普遍需要之日用品，銷路必佳，乃有志大量製造，並售低價爲五角，以期普及。後製錶之企圖忽中途改變，而於一八九五年造成第一輛汽車。車爲四匹馬力，有二圓柱，狀似舊式單座馬車。該車所過之處，觀者

偉大之製造家，富豪中之富豪——亨利·福特

機械天才橢圓環——福特

HENRY FORD

環集，認爲奇特，乘客則甚多，營業大盛。一九〇三年創立福特汽車公司，是年造成汽車一千七百零八輛，全數賣出。此後彼專心從事於汽車之製造，漸成工業界領袖，早年改進農業之志願，無暇顧及。二十五年以後，福特公司每日之生產額五倍於第一年之產量。一九〇九年在赫依蘭德 Highland 辦更大之製造廠，公司發展更速，支廠普及世界各處。一九一四年彼定該廠工作時間爲八小時，工人最低薪水爲每日五元。一九二四年全美經濟專家公認彼爲世界最富有之人——一眞正之百萬富豪。彼亦從事政治及社會事業之活動，但毀譽參半，不及汽車業之能獲得成功。亨利·福特實一機械天才，爲美國工業界之巨人云。

長壽線

煤油大王洛克斐勒之掌有此線

〔說明〕長壽線始自食指下，向手掌延伸，環繞拇指基部，此等長線主壽命悠久，生活康樂。生命線與命運線及成功線通達，同源，更爲難得。主精力過人，天賦獨厚，具特殊之判斷能力，爲成功致富之企業家。

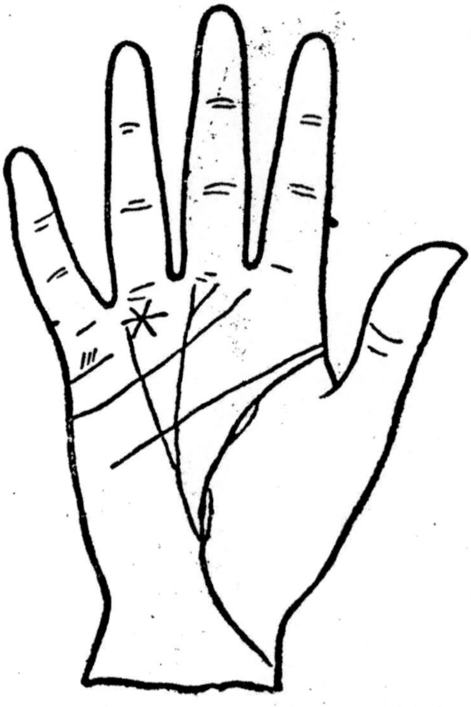

煤油大王手掌之特徵

約翰・洛克斐勒小傳

約翰・大衛生・洛克斐勒 John Davison Rockefeller 係世界鉅富，財勢凌駕一般帝王之上。一八三九年七月八日生於紐約，幼時貧寒；但現在渠之姓名已溥佈世界各地，窮鄉僻壤，無不知有煤油大王洛克斐勒其人。十四歲全家遷居克利維蘭，略受普通教育，受僱爲書記，月獲薪金五十元。初對此待遇菲薄之職業，尚稱滿意；迨二十一歲，要求提高待遇爲年俸八百元，因遭拒絕，毅然去職，自營商業。結識錬油技師撒母爾・安德魯士，合股經商，於一八七〇年創

世界馳名之煤油大王，企業家與慈善家——
約翰・洛克斐勒

長壽線——洛克斐勒

JOHN D. ROCKEFELLER

辦美孚火油公司，營業日臻發達，獲利之豐，在商業史上堪稱空前。美孚火油公司之資產總額爲五十萬萬元，洛克斐勒私人財產爲三十萬萬元。彼生財有道，而異於一般吝嗇之守財奴，用於慈善事業之金錢總數達十萬萬元。一九一一年退休，不再從事商業，組織洛克斐勒教育慈善基金委員會，專司分派息金，資助教育及慈善事業。後又組織醫藥研究會，獎勵於醫藥有特殊貢獻之科學家。洛克斐勒年逾百歲倘步履强健，耳目聰明，不異壯年，每晨六時三十分起床，好作高爾夫球戲，冬季常在弗勞利達，夏季則在湖森及波根第可山間別墅消夏云。

世界名人掌形附小傳

智慧三角洲

甘地之掌有此線

〔說明〕理智線成雙，造成智慧三角在手掌中央；主其人具超人智慧，道德高尚，人樂與接近。直覺線近邇掌邊，可見其直覺能力之高妙。（另有特徵從略）

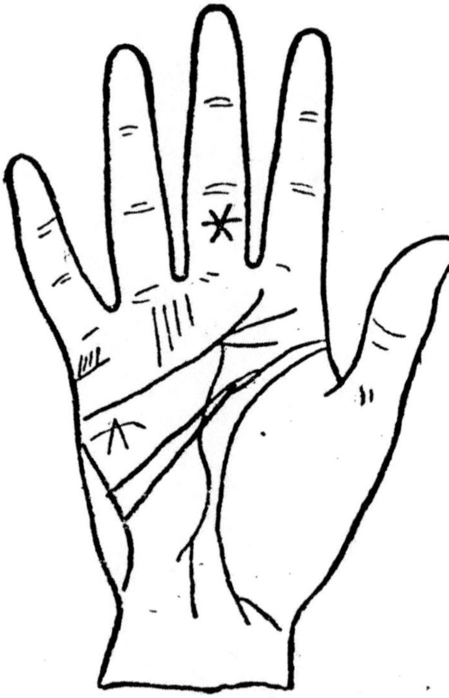

甘地手掌之特徵

一六

墨翰達斯・K・甘地

小傳

墨翰達斯・加拉干・甘地 Mohandas Karamchand Gandhi 又稱聖雄・甘地，一八六九年十月二日生印度一小邦內。十三歲時，依照印度風俗，與一同年齡之女子結婚。十九歲時，已生四子，離家往倫敦學習法律。別親時，與家人約定，此後不再食肉，不再近女色，並不得虛偽。在英所受教育，與彼個性背馳，據其日後語人，彼之不欲將西方文明，介紹至印度，實因對西方教育不生好感所致。彼之第一次反對英國統治印度，為提倡不合作運動。彼令其黨徒反對

智慧三角洲——甘地

體重九十磅之印度愛國志士，英政府時感棘手之對象——聖雄·甘地

MOHANDAS K. GANDHI

鹽稅條例，因之拘禁兩年，始獲釋放。甘地無疑爲印度一大聖人；彼不獨爲印度之自由而鬥爭，抑且欲保持古代印度之文化。彼在黨徒中倡無抵抗主義。英政府對之屢發警告，促其在限定之時間內，約束暴動，不得再有妨害地方秩序之行爲發生。甘地毅然拒絕，不合作運動迄未完全終止。印人尊之爲聖，彼之得人信仰，由於彼之行爲，悉爲自我犧牲精神之表現。凡事以身作則，言畢便行，崇尚和平。對敵人作消極抵抗，不事暴行的報復。日常恆以紡織機自隨，以示提倡土布之意。體重不及一百磅，蔽體之服爲棉布一塊。每日所費從不超過五分錢云。

艱辛十字

高爾基之掌有此線

〔說明〕艱辛十字在中指下；主一生歷盡艱難困苦，而生命線島嶼斷續，不死幾希。四指之下，太陽線豎起，畢竟是成功人物。

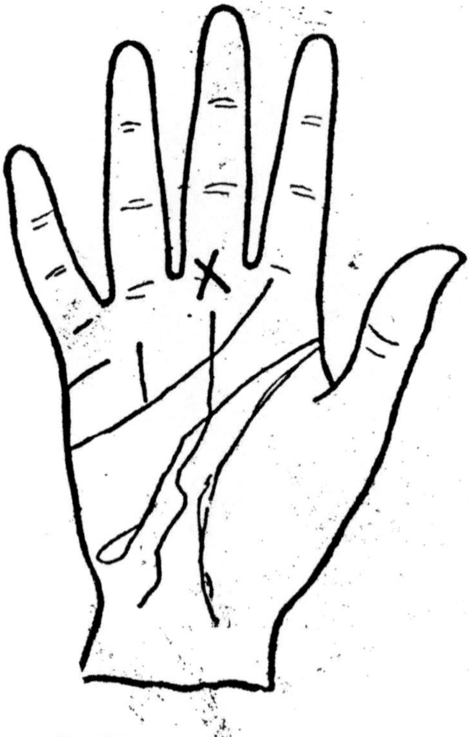

高爾基手掌之特徵

高爾基小傳

馬克希姆・高爾基一八六八年四月二日生於伏爾加河沿岸一小城內。原名馬克希慕維・白煦可夫 Maximovich Peshkoff，於二十四歲第一次刊行小說時筆名高爾基，自後沿用。彼幼年備嘗艱苦，見盡生活內層種種失望悲慘之情景。九歲而孤，無親族之歡，無家庭之樂，離家浪遊，行遍廣廣大之俄羅斯平原，櫛風沐雨，忍受饑餓及貧困，經過各種職業；鞋匠，餅師，會爲高爾基暫時糊口；又在伏爾加河某汽船內任廚役。年十九歲，因不滿社會制度，且對個人前途絕望，毅然自殺，乃槍彈由肩胛穿過，未傷要害得以不死。傷勢稍痊，隨大批游民，步行俄羅斯東南各地。爲廚役時，受同伴指示，閱讀小說，並試爲創作。彼在社會下層之閱

艱辛十字——高爾基

蘇聯最偉大之小說家——馬克希姆・高爾基

MAXIM GORKY

歷既多，乃有志將個人之痛苦經驗，寫成小說。因努力不懈之結果，其創作不獨爲俄羅斯所歡迎，且銷行全世界。舉世公認高爾基爲托爾斯泰柴霍甫之繼承人。一九〇五年爲俄帝制政府驅逐出境。一九〇六年至美洲，不久復返歐洲，卜居坎勃里島 Island of Capri，療養肺疾。彼幼年營養不足，致生肺炎，時發時愈，以該島氣候宜於療病，擬作久居。大戰爆發，彼扶病應徵仍回俄羅斯，在奧境前線作戰。後參加俄羅斯革命，革命成功，與列甯政見不合，一九二一年出國。列甯既死，高爾基與黨人之意見漸趨融洽，一九二八年春季回莫斯科，朝野上下舉行盛大之歡迎會，推崇備至。高爾基與史太林過從甚密，其在俄羅斯之地位崇高無倫，稱「新俄文學之父」云。

世界名人掌形附小傳

命運歷刼線

西班牙廢王亞爾方朔有此線

〔說明〕命運線由掌基向上伸延，直達中指基部，不分支岔，一若幽寂之小徑；其起止之兩端皆有交叉紋，主由頭到尾環境常變，歷刼重重，生活動盪不定。（另有其他特點從略）

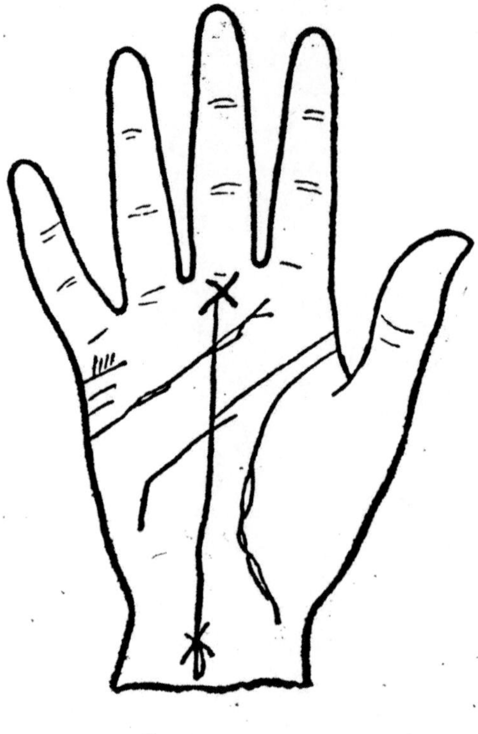

亞爾方朔八世手掌之特徵

二〇

西班牙廢王亞爾方朔

小傳

西班牙廢王亞爾方朔生而爲王，在歷史上殊爲罕覯。一八八六年五月十七日誕生，距其父亞爾方朔七世之死，僅六閱月。誕生後六月，即有人陰謀暗殺，置毒於牛乳瓶中；幸經發覺，迫於時勢，不得不正式宣告繼承王位。乃狙擊暗殺之舉，紛至沓來，去死間不容髮。初由母后克力絲狄娜垂簾監護，達十六歲時，方告親政。一九〇六年五月三十一日，聘英格蘭女王維多利亞孫女白騰堡維多利亞．優奇妮公主爲后。此新婚之伉儷，甫離瑪德里大禮拜堂，驅車徑返王宮，中途有暴徒預匿來賓車中，突而拋擲炸彈，死衛士及觀禮者二十四人，傷八十人。當事變起時，彼鎮定如常，手持香煙，徐徐告人曰：「此

常遭暗算之西班牙廢王——亞爾方朔八世

命運歷刼線——亞爾方朔

ALFONSO OF SPAIN

等事件，我已見慣。身爲衆矢之的，狙擊之來，久在意料之中矣。」

一九三一年四月十四日，革命爆發，摩洛哥軍隊獨立，勃雷摩·得·利弗諸獨裁制度取消，彼亦倉皇出國，西班牙波爾蒙王室之統治隨之告終。波爾蒙王室傳統亙十世紀，屬地甚多。彼之祖先宙得士爲維柏之子，八八八年攻入法國，據有其王位，傳至路易十六，發生革命。路易殞於斷頭機前；王室流血之慘，遭禍之酷，九百年後之西班牙，望塵莫及。西班牙之波爾蒙王室，始於非力五世以武力獲得王位。亞爾方朔雖係波爾蒙王室最後之君主，但在統治時期，長於任何現存之君主。

彼體格頎長，貌淸癯，蓄鬚，髮黑，膚橄欖色，儀表莊嚴美好，且爲一活潑之運動家。

豪放三角等線

温莎公爵之掌有此線

〔說明〕豪放三角在食指之基底部，主豪放不受覊勒及富於運動天才。感情線及婚姻線之伸展皆蹺起上向，主與人皆有好感，又主得愛侶。故其行述，世界傳爲美談。

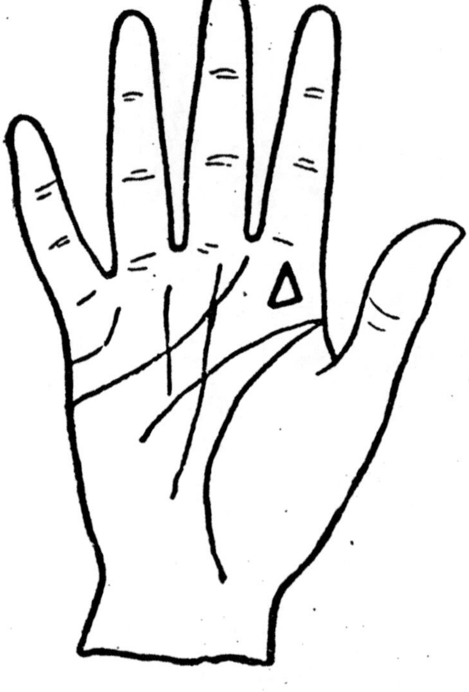

温莎公爵手掌之特徵

温莎公爵小傳

愛德華・亞爾培・佩特雷・大衛 Edward Albert Patrich David，係英格蘭遜王，曾爲威爾斯親王，現稱温莎公爵。一八九四年六月二十三日誕生。幼居深宮，嫻於禮儀，但舉動仍爲不失天眞活潑之青年。初受皇家特殊教育，既長畢業於海軍學校，參贊戎機，晉級中尉。第一次歐戰爆發，涖臨前方作戰，悍勇絕倫，屢蹈危機，得陸軍十字勳章

英格蘭遜王，前威爾斯親王，現爲温莎公爵——
愛德華

豪放三角線——愛德華

THE PRINCE OF WALES

。戰後退伍。曾兩次巡行大不列顛帝國各部，備受臣民歡迎。對於商業，工業，慈善各種活動，均有熱烈之興趣。此外復酷好運動。凡網球，高爾夫球，各項遊戲，無一不精；尤精騎術，能馳騁於峭壁峻嶺之上，往來若飛；間或獵取鳥獸，擎槍撥機，百發百中。爲人慷慨豪放，不拘小節，周旋婦女之間，在社交場中頗負盛名。前因婚姻問題，與臣民意見相左。登極未幾，即自行遜位；全世界俱表示惋惜云。

二三

世界名人掌形附小傳

發明天才星

湯姆士·安迪生之掌有此星

〔說明〕發明天才星發現於手掌中央，突起一線向上衝而止於第四指與小指間，主其人具發明天才。（其他特徵從略）

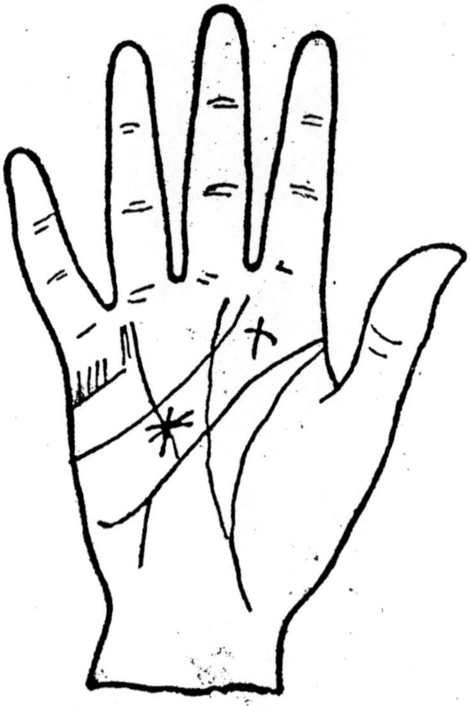

安迪生手掌之特徵

湯姆士·安迪生小傳

湯姆士·烏爾發·安迪生 Thomas Alva Edison 於近代科學貢獻最大，發明最多，除飛機外，一切物質文明無不與之發生關係。一八四七年二月十一日生於俄亥俄米蘭 Milan。幼時貧困，工作辛勤。在校內成績甚劣，輟學極早。嗜閒食及吸煙，不修邊幅，無固定職業。少時喜於工作之餘，從事異常危險之化學實驗，置生命於不顧。安迪生起居無定，每日工作常在十五小時左右；彼斥一般人士奉行八小時工作爲習於懶惰，爲不良之生

現代最偉大之發明家——湯姆士·安迪生

發明天才星——安迪生

THOMAS S. EDISON

活習慣。其實世人之日常生活無不受安氏發明之影響。自安氏之電燈發明後，通都大邑以至窮鄉僻壤，莫不樂用光明燦爛之電燈，黯淡之煤油燈漸告絕跡。因安氏留聲機之發明，名言讜論以至歌劇唱辭，均可保存於臘片之上，傳於久遠。第一次發明當一八六八年十月，此後六十年無時不從事發明，由安氏獲得專利權者，計一千二百種之多，彼以光明，安全，娛樂貢獻世界。在機器工業時代之美國，彼乃英雄中之英雄。彼之成功完全由奮鬥得來，其學問由自修而獲得，現代工藝因彼之努力而改觀。造福人類，有利進化，安迪生可以不朽矣。

直覺線

瑪麗・居禮夫人之掌有此線

〔說明〕直覺線始自手之邊部，在小指下，延伸至手掌，成半圓形。大發明家科學家理學家多有此線，或有顯著之成功線。（其他特徵從略）

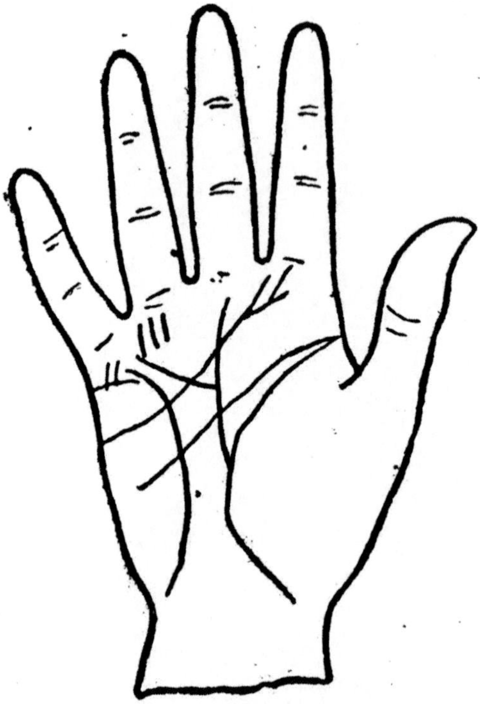

居禮夫人手掌之特徵

瑪麗・居禮夫人小傳

瑪麗・居禮夫人 Mme. Marie Skladowska 爲女科學家鐳之發現者。一八六七年十一月七日生於華沙，初從父學習科學。肄業華沙大學時，參加學生革命運動，被迫離開該城。始至格拉哥 Cracow，繼赴巴黎，專攻化學，獲得學位。一八九五年與同校物理學教授比爾・居禮 Pierre Curie 結婚，共同舉行實驗，遂於一八九八年有鐳之發現。一九〇三年居禮夫婦同獲皇家學會金質獎章，並得諾貝爾物理學獎金。一九〇五年比爾・居禮入科

鐳錠之發現者，偉大之女科學家，兩獲諾貝爾獎金——瑪麗·居禮夫人

直覺線——居禮夫人

MME. MARIE CURIE

學研究院，次年不幸乘車肇禍，死於非命。居禮夫人代之爲巴黎大學物理教授，續有發明，於一九一一年得諾貝爾化學獎金。夫人數赴美國，美人贈以一格蘭姆之鐳與三萬五千金元之年俸，酬其對於科學之偉大貢獻。夫人職業收入，僅足維持最低限度之生活，本可藉此年俸，略舒窘迫之境遇；但計不出此，而以全數捐贈華沙一癌病醫院，指定爲租用鐳一格蘭姆之用，以惠本國貧民。夫人暮年，猶在巴黎拉丁區主持國立居禮鐳錠研究院工作甚勤，夜以繼日，毫無倦態。夫人有二愛女，亦精科學，能世昌其家云。

科學天才線

馬可尼之掌有此線

〔說明〕科學天才線係三短線，發現於手掌頂部，在第四指與小指之間；主理解與分析之能力強大，於科學有特殊貢獻。

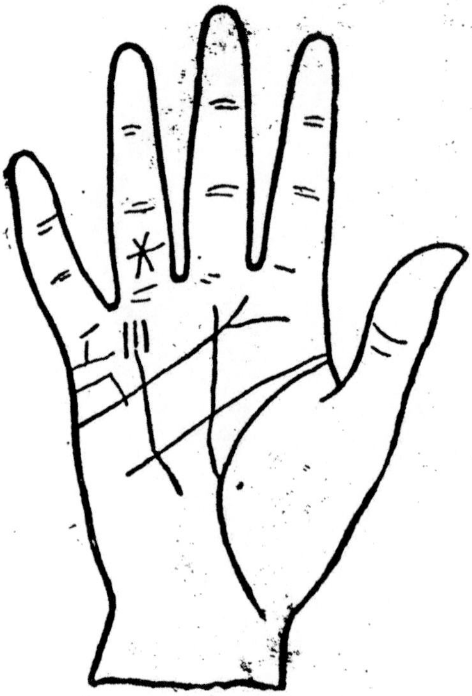

馬可尼手掌之特徵

古格拉爾謨・馬可尼

、小傳

古格拉爾謨・馬可尼 Gug-Lelmo Marconi 爲無線電之父。一八七四年三月二十五日生於意大利。父爲意大利人，母係愛爾蘭人。初在弗勞倫斯受普通教育，繼往保勞那大學學習物理，在該校開始作無線電實驗。於一八九六年往英格蘭，獲得當局允許，特准用電波實驗無線電。一八九八年超越英吉利海峽之無線電通訊告成。一九〇一年彼發出之無線電信號，竟能通過大西

現代無線電之父，意大利愛國份子，曾得諾貝爾物理學獎金——古格拉爾謨・馬可尼

科學天才線——馬可尼

GUGLIELMO MARCONI

洋，全世界引爲奇蹟。六年後實行歐洲與美洲之通訊。一九〇九年得諾貝爾物理學獎金。無線電之學理與應用日臻完美及普遍。彼縮短世界各地之距離，拯救無數海中遇險之旅客，造福人類，其功不在蒸汽機發明家瓦特之下。一九一六年作短波實驗，發明甚多。馬可尼除榮膺諾貝爾物理獎金外，又得意大利皇家學會亞爾培金像獎章，富蘭克林及約翰佛利茲等榮譽章。後居住白達契與Pcntecchio，繼續其無線電研究以迄病歿。而其特富愛國熱忱，足稱爲意大利之愛國份子而爲朝野所欽佩云。

知覺異常星

海倫・凱勒小姐掌上有此星

〔說明〕此等星分佈在各指尖端；主觸覺敏銳，可以手指而代替視聽等官能。（其他特徵從略）

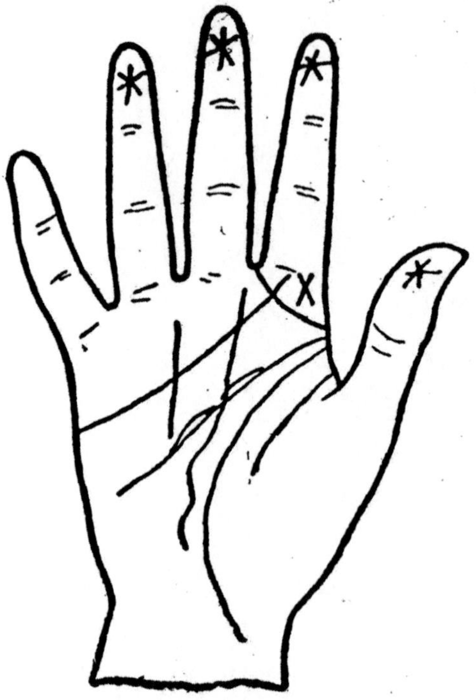

海倫・凱勒手掌之特徵

三〇

海倫・凱勒小傳

海倫・凱勒 Helen Keller 係世界著名之盲啞女子。一八八〇年生於阿拉巴馬 Alabama。初生時體頗壯健，生後十九個月，正牙牙學語，忽患嚴重之腦炎。病愈後，突變爲聾啞，視覺全失。七歲時委托安・式兒列薇思小姐 Miss Ann Sullivan 担任褓育之責，此後四十年中，安小姐朝夕爲伊之伴侶，迄未離捨。海倫天資穎悟，不以天然缺陷限其向學之念；伊用兩手代替耳目，熱心學問，因於英國文學有特殊研究，取得當地最高學府文學士學位。伊立志提倡盲啞教育，以爲視聽官能缺乏之人，應加以扶助，不當任其失學，更不當遽

世界馳名之盲啞教育家，演說家，及著作家——

海倫・凱勒小姐

知覺異常星——凱勒

HELEN KELLER

認爲低能之徒。畢業之後，刊行著述甚多，銷行極廣，又遍歷世界各處，作公開之學術演講。伊不因天然之缺憾而沮喪，反之，抱愉快無畏之精神，致力於個人事業之發展，同時爲全球盲啞者開闢光明之途徑。無外界之紛擾，無聲光之刺激，反得安心工作，不受任何影響。凡有利於盲啞之社會事業，無不踴躍參加。嘗在加拿大，歐洲美國各城鎮公開演說，自願作各種科學實驗之對象，不稍厭倦。伊在事業方面所獲之成功，勝於一般非盲非啞之平庸人士。其一生本爲無可挽救之悲劇，但賴其立志堅定，百折不回，卒能轉敗爲勝，自救救人，使同病者大蒙福利。海倫・凱勒小姐堪爲妄自菲薄者之模範云。

無畏線

愛米諾・厄爾哈特之掌有此線

〔說明〕無畏線始自勇敢線（卽變型理智線），止於食指基部，爲三叉形，主勇敢無畏。（其他特徵從略）

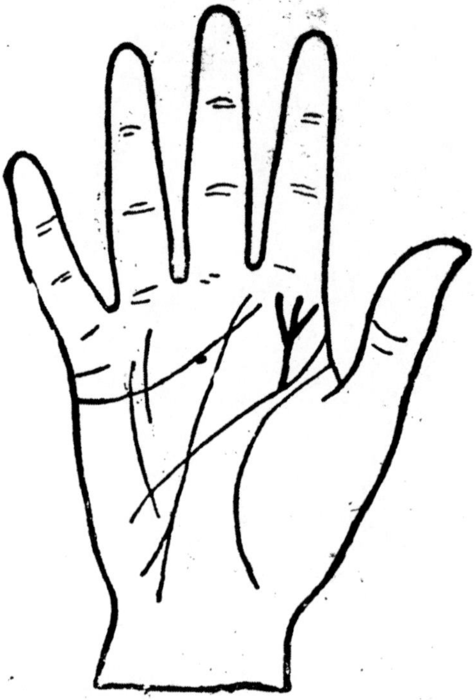

厄爾哈特手掌之特徵

愛米諾・厄爾哈特

小傳

愛米諾・厄爾哈特・潘南保女飛行家，二次飛越大西洋，第二次於紐逢蘭起飛，平安到達愛爾蘭，一八九九年七月二十四日生於卡生司。至高等學校畢業，始遷離該地。父爲鐵路公司法律顧問，業務興盛，來往各地，攜家自隨，故愛米諾居住之地方及肄業之學校甚多。美國參戰期內，嘗就讀於非城郊外某校，以避空襲。某日途遇扶杖之傷兵四人，惻隱之心以起，遂脫離學校，改入紅十字會護士訓練班。服務加拿大陸軍醫院。戰後對於航空發生興趣。一九二〇年首創婦女升空最高度紀錄。在加利福尼亞居留若干時日，回至美洲東部，入

女性飛越大西洋之第一人——飛行家愛米諾·厄爾哈特

無畏線——厄爾哈特

AMELIA EARHART

哈佛大學暑期學校，繼至波士頓偕妹同任學校教師。一九二八年七月，偕航手無線電機師各一人，乘巨型機友誼號自波士頓出發。凌空飛行二十小時四十九分鐘，汽油涓滴無存，降落威爾斯白利港，時爲七月十八日。此次飛行，愛米諾純以旅客資格參加，並非駕駛員，但女性乘巨型飛機飛渡大西洋者，當以愛氏爲第一人；且日後獨自駕機作長途飛行壯舉之志願，實決於此時。自歐洲返美，刊行飛行雜誌，業餘間作飛行。一九二八年秋季，駕機飛越美國全境，爲女性飛行全國之第一人。次年參加國家主辦之飛行競賽。一九三二年五月二十一日，自紐逢蘭聖·約翰飛至愛爾蘭倫敦塔雷，個人駕機飛越大西洋之壯志因以完成云。

機智線

雷門・彭家掌上有是線

〔說明〕機智線三條，延伸出自理智線；主富於機智，能獲鉅大成功，享受尊榮。（其他特徵從略）

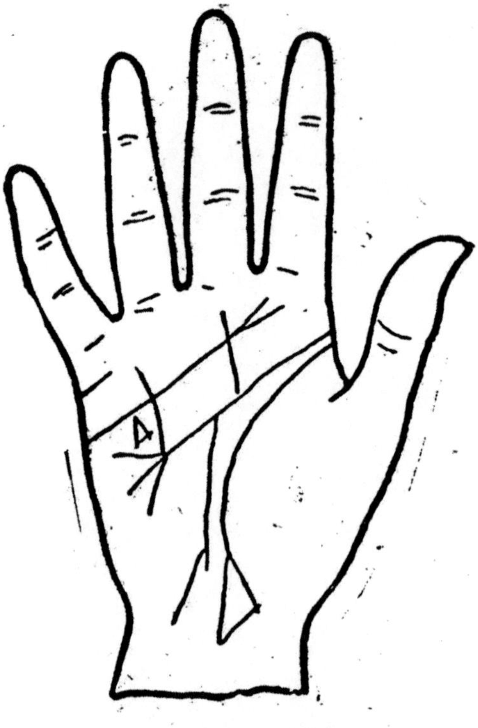

雷門・彭家手掌之特徵

雷門・彭加小傳

雷門・彭家 Raymond Poincare 為政治家，律師，及新聞記者；曾任法國總統。一八六〇年八月二十日生於法境。早年受教會教育，繼入南塞大學，成績頗優。畢業後入伍，充當隊長。嗣後居住巴黎執行律師業務，有名於時。雖事務冗繁，於政治活動頗有興趣。二十歲左右當選國會議員，後任參議院議員。三十三歲為法國內閣閣員，屢任部長，建樹甚多。一九一二

政治家律師新聞記者，法國第一次歐戰期內總統——雷門·彭家

機智線——彭家

RAYMOND POINCARE

年奉命組閣自任總理，努力聯絡俄羅斯加入協約國，與德對抗。一九一三年當選法國總統。任內適值歐戰，爲法國史上緊要關頭。依照憲法規定，總統於戰時有特殊權力，可自由處理內政，指揮軍事，不受任何牽制。雷門利用此種權力，統制國內人力及資源，外結與國，終能獲得最後勝利，於法蘭西共和國有再造之功。彼連任總統，至一九二〇年去職。後再起爲內閣總理外交部財政部長等要職。著作甚富，尤以回憶錄等書特具文藝及政治價值云。

勝利星

潘興將軍掌上有是星

〔說明〕勝利星在拇指基部；主軍事順利，攻無不克，有得勝將軍之稱。（另有特徵從略）

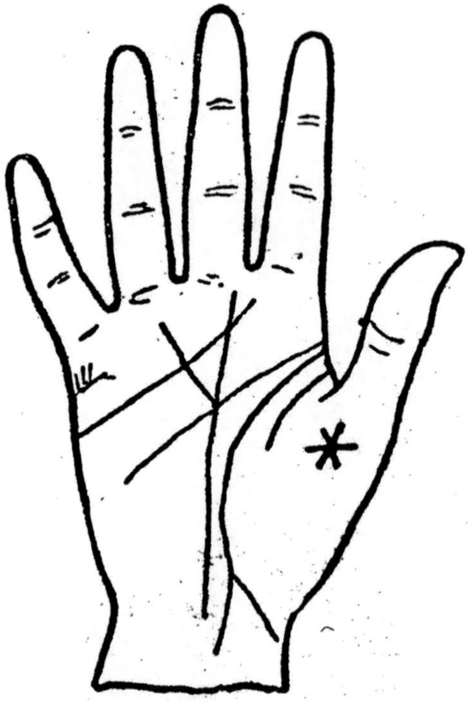

潘興將軍手掌之特徵

約翰・潘興小傳

約翰・潘興將軍 John Pershing 在第一次歐戰期中，爲二十萬美國軍隊統帥，赴歐轉戰，結果勝利。一八六〇年九月十三日生於臘克里得 La-clede。父在鄉村開設店鋪，後爲郵政局長。初有志充當律師；不料其父主持之郵局爲暴徒侵入，刼去鉅金，渠父將歷年所有積蓄，悉充賠墊公款之用，因是無力供給讀書用費，潘興乃改入軍界。初駐防美國西部，後職位日高，隨軍來往世界各地，五十七歲由威爾遜總統任爲美國遠征軍統帥。時歐戰已繼續三年，德軍襲擊通往巴黎之公路，協約國軍隊困苦支撑，情勢岌岌可危。一九一七年六月八日，潘興率軍開抵英格蘭，同月十

勝利星——潘興

美國參戰時遠征軍統帥——約翰．潘興

GENERAL JOHN J. PERSHING

三日離英至歐，在白隆里 Boulogne 登陸。協約國認美軍係精銳部隊，可爲決定勝負之因素，故不惜犧牲，冀徒遷延時日，以待美軍援助；德軍亦以外援卽至，攻擊益力。英法司令長官晤及潘興，建議美軍全部開赴前線，加入作戰，以壯協約國之聲威。乃潘興表示反對，主張分區作戰，美軍須自成一個單位，不與他國相混，以便統一指揮。彼又稱美軍多係新募，須經過相當時間，給予實際訓練，始可操必勝之權。其後美軍果能堅守陣地，迭獲勝利。一九一九年率領部隊，由法返美；美人熱烈歡迎，譽爲凱旋歸來之凱撤。潘興將軍夷然無動於中，更無政治野心。暮年退隱，脫離軍隊生活，但自奉甚儉，持躬嚴肅，不脫軍人本色云。

音樂天才線圈

巴德魯士基掌上有此線

〔說明〕音樂天才線圈發現於手掌上部，在第四指及小指之間：主卓越之音樂天才。（另有特徵從略）

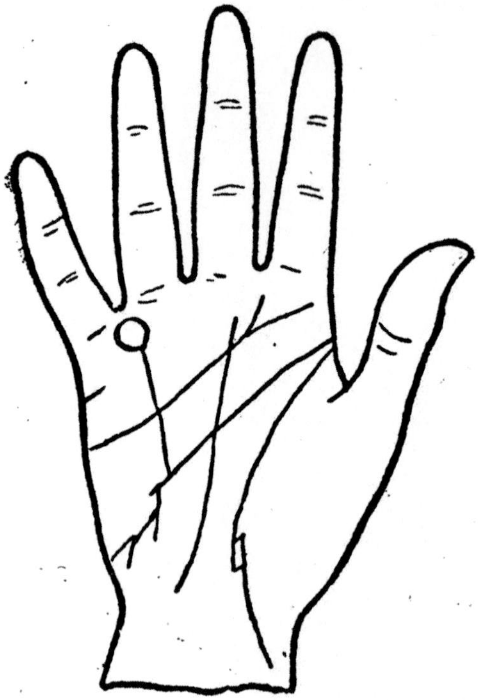

巴德魯士基手掌之特徵

依格納·介思·巴德魯士基小傳

依格納·介思·巴德魯士基為世界著名之鋼琴家及作曲家。一八六〇年十月六日生於俄屬庫里洛瓦鄉農之家。一八六三年庫里洛瓦慘遭哥薩克人刼掠，巴德魯士基之從事波蘭復國運動，乃由此次刼掠所促成。幼年家境寬裕，愛讀波蘭歷史。三歲即好鋼琴，從一老琴師學習。一八七八年入華沙音樂學院，學習吹笛與喇叭，俾將來參加樂隊之演奏。繼服從安頓·路賓士騰之勸告，赴維也納從名師薩都爾·李却狄士奇肄業，藉求精妙之技藝。二十七歲，迭在倫敦巴黎奏技，大受歐人歡迎。一八九一年初次赴美，來往各大城市，九十日內，演奏一百零七次，名利雙受。其後數

世界著名之鋼琴家，曾任波蘭內閣總理及總統
——依格納・介恩・巴德魯士基

音樂天才線圈——巴德魯士基

IGNACE JAN PADEREWSKI

年，遠赴南美澳洲及南非，從事藝術活動，不憚跋涉。鬻技所得，積成鉅款，但大部分耗於復國運動。彼爲祖國之自由而奮鬥，無暇顧及個人利益。世界大戰起，在美召集波蘭志士，自二萬五千人增至八萬，由渠統率往歐，加入協約國方面，對德作戰。一九一九年任新波蘭第一任內閣總理兼外交部長，代表波蘭簽訂凡爾賽和約。一九二一年復至美洲，在加利福尼亞種植葡桃及水果，度隱居生活，不問政治。一九二七年重理舊業，聲譽較前更著。巴德魯士基乃愛國志士，又爲傑出之作曲家；其作品激昂慷慨，少委靡之音，波人受其感動至深，奉爲樂聖。近以愛國心切，重問政治，担任波蘭總統。此次波蘭版圖變色，而巴氏亦以病歿聞。

悲喜劇線

却利・卓別林之掌有此線

〔說明〕悲喜劇線始自手掌基部，理智線終點，止於中指下，成小三角形；主具滑稽天才，以滑稽之方式表現人生之種種悲劇。（另有其他特徵從略）

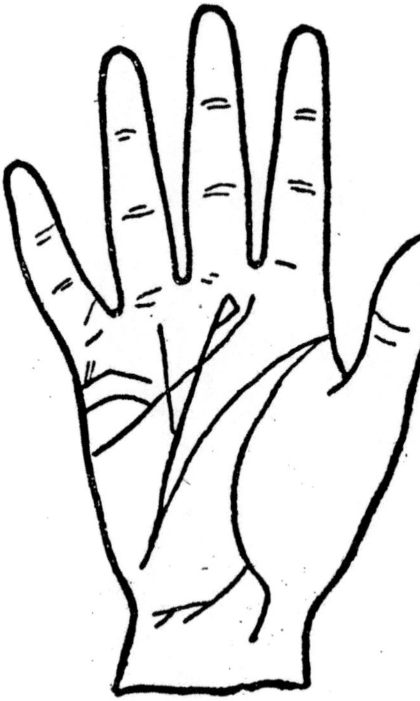

卓別林手掌之特徵

却利・卓別林小傳

却利・斯賓塞・卓別林 Charles Spencer Chaplin 一八八九年三月十六日生於法國，本英國籍，童時赴美，後成電影界滑稽鉅星。父母均爲優伶，來往各地鬻歌。年方五歲，值其母患病，由卓氏代表，在劇中歌賈克・瓊斯 Jack Jones 一曲，聽者拊掌稱善。父歿後，入歌舞團。又於福爾摩斯探案中飾童角璧賴 Billy。一九一〇年赴美洲，在加拿大各處表演。一九一三年在好萊塢拍攝第一部影片，入凱士登 Keystone 影片公司屢獲成功。一九一八年已成鉅富，自辦公司攝拍狗之一生 A Dogs Life

世界知名之滑稽名星兼導演及製片商——却利卓別林

悲喜劇線——卓別林

CHARLES CHAPLIN

，一日之樂 A Day's Pleasure 等名片。賈克・哥根 Jackia Coogan 在玩童 The Kid 片中初上鏡頭，亦係與卓氏合演者。當時全世界人士患卓別林熱，成年人戴卓別林式之帽，幼童蹣跚學步，亦奉卓氏爲模範。彼之短髭，大鞋，破褲，巨杖，在銀幕上爲獨創之作風。主演各劇，雖名爲滑稽，但具有相當的藝術價值，不僅以胡鬧見長。玩童，淘金記，城市之光諸片，寓意深遠，材料之處理復甚恰當。卓氏戲劇上之才能，大爲電影觀衆所稱賞。最近攝製獨裁者鉅片，作風漸由滑稽轉變爲露骨的諷刺，默片易爲聲片，公演後結果若何，殊難預料，但在電影歷史上必佔一新頁云。

秋波線

瑪來麗・達雷哈之掌有此線

〔說明〕秋波線發現於食指基部，自感情線延伸而來；主具神秘力之秋波富有誘惑力。負盛名之女伶歌妓方有之。（其他特徵從略）

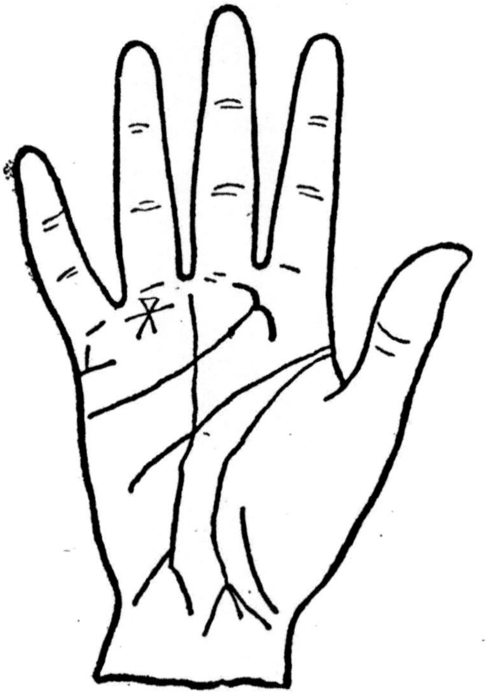

達雷哈手掌之特徵

瑪來麗・雷達哈小傳

瑪來麗・達雷哈 Marlene Dietrich爲電影女明星。一九〇四年十二月二十七日生於德國。父係貴族，在軍隊中任中尉之職。兒時聰悟過人，十二歲時，能作流利之德法英三國語言。初有志在樂隊中爲梵亞林演奏者，嗣因演奏不慎，左腕受傷，乃變更宗旨，改登舞台。後隨約瑟・逢・史騰堡Joseph Von Stern-berg赴美，公演藍天使，領帶等劇，表情悉臻上乘，大獲觀衆讚

德籍電影名星，演技神絕，歌喉入妙。——瑪來麗・達雷哈

秋波線——達雷合

MARLENE DIETRICH

美，後入電影界，除將藍天使改演影戲外，又主演上海，摩洛哥等豔情戲，成第一流女明星。伊與葛麗泰・嘉寶齊名，演技精妙，亦有相似之處，而伊秋波之美，尤屬並時無兩。歌喉婉轉，聽者神往，所灌留聲機片在歐洲最爲暢銷。

瑪來麗・達雷哈雙瞳富神秘意味，尤具誘惑力量，得自天授，非由人力；秋波一轉，觀衆神奪；他伶雖勉強仿效，終莫能及。

金星帶

瑪黛・哈莉掌上有此線

〔說明〕金星帶發現於手掌頂部，成半圓形者，主其人淫蕩多慾，耽於歌舞。命運線直達中央，末有星紋，主結局悲慘。瑪黛・哈莉卽屬此型。（其他特徵從略）

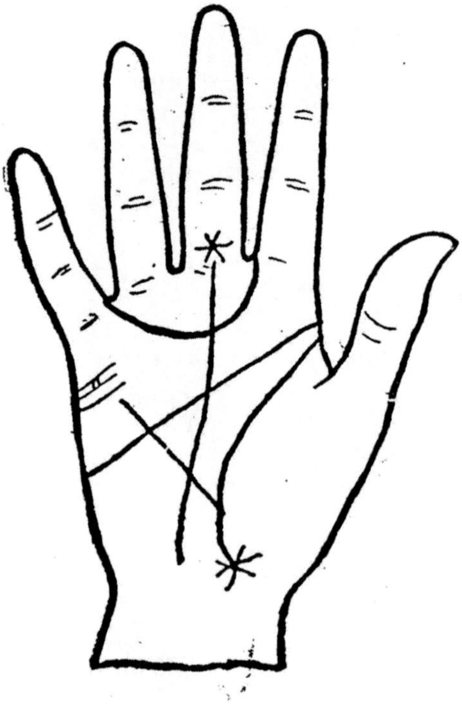

瑪黛・哈莉手掌之特徵

瑪黛・哈莉小傳

一九一七年十月十五日，法國政府將一妖豔絕倫之女間諜，在巴黎附近一古堡前，執行槍決。罪狀爲受敵指派，刺探軍事機要，以致百萬協約國軍隊，慘遭覆沒，巴黎幾爲德軍佔領。此間諜即瑪黛・哈莉。瑪黛本荷蘭女郎，一八七六年，生於荷蘭一小鎮，原名瑪加利・格屈露・雪里 Margaret Gertrude Zelle，後改瑪黛・哈莉，又稱「紅舞女」，運用其巧思，以色相爲餌，遂成歷史上有名之女間諜。十八歲赴海牙，遇一荷屬殖民地軍官，一見傾心，互訂婚娶之約。軍官名馬克里屋 Macleod，年事已長，

世界著名女間諜——瑪黛．哈莉

金星帶——哈莉

MATA HARI

婚後同往爪哇，研究東方宗教及風俗，瑪黛日後以東方舞蹈馳名世界，實基於此時。未及數年離馬克利屋他去。繼卜居巴黎，創爪哇式跳舞，結識富豪甚多，極顚倒衆生之能事。世界大戰爆發，往柏林，爲警察所長之夫人，並服務德國外交部情報處，作女間諜。不久祕密赴法，爲德軍內線，事洩被捕，宣告死刑。臨死丰姿依舊，莞爾而笑，無畏怖之色。當時出版書籍甚多，專門敘述伊之生活個性，及間諜工作情形；然眞相莫明，多捕風捉影之談，因事關國家祕密者，外人不可得而知之。再待若干年，局勢改變，瑪麗．哈莉之信史或可與世人相見云。

世界名人掌形附小傳

口才星

托洛斯基之掌有此星

〔說明〕口才星在小指尖端；主口才足以控制聽衆之理智及感情。（另有其他特徵從略）

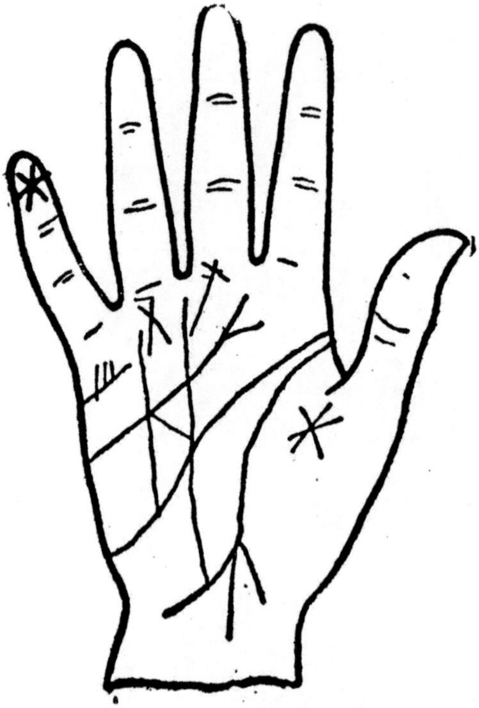

托洛斯基手掌之特徵

里恩・托洛斯基小傳

原名里恩・大衞與偉奇・布龍司丁，爲蘇聯建國領袖之一，一度握軍政大權。一八七九年十一月七日生於俄羅斯雅納烏卡之一小村。少時至哇第薩求學，受馬克思主義薰陶。十七歲爲革命團體領袖。一八九八年初次在莫斯科入獄；一九〇〇年放逐至西比利亞；一九〇二年逃亡英格蘭，得一僞造之護照，假簽里恩・托洛斯基於其上，此後沿用未改。與列甯在倫敦晤面，成立第一與第二國際。其後流亡法瑞與美各國，宣傳馬克思主義。一九〇五年革命失敗，又流放西比利亞，繼復逃亡至歐。一九一七年三月革命後返俄，任新政府軍政部長，其訓練軍隊方法之完善與組織之嚴密，

蘇聯第一任軍政部長，列寧之摯友與信徒，史太林之政敵——里恩·托洛斯基

口才星——托洛斯基

LEON TROTSKY

非帝俄時代可望項背。遂白俄出境，廓清一切反動勢力。迨列甯病歿，托洛斯基為政敵所壓迫，權勢漸喪，乃以著述自娛。一九一七年列甯評傳出版。一九二四年共產黨執行委員會指摘其文學活動，為宣傳反革命思想。史太林與托洛斯基之磨擦日趨深刻化；史太林得政權後，托氏遂復度流亡生活。初至土耳其斯坦，繼至法國挪威。最後卜居於墨西哥京城郊外，小屋一所，略具花草泉林之勝，有老妻作伴，鬻文所得，藉堪溫飽。一九四〇年八月二十日下午五時，為一南斯拉夫青年撤克遜所狙擊，翌日歿於醫院。托洛斯基為社會革命之鼓動者，組織者，與指導者。其不朽之文學作品為俄國革命始末記三巨秩，文情並茂，格調卓越，不愧為歷史作家，較其革命理論尤為得人推崇云。

旅行線

理查・E・丙得之掌有此線

〔說明〕旅行線發現於手掌基部，向手邊延伸，主一生從事旅行及探險工作。線紋上斷落部分，有方形線紋，主將遇重大危險，威脅生命安全；但若色彩鮮明，主能逢凶化吉，名利雙收，蜚聲全世界。（其他特徵從略）

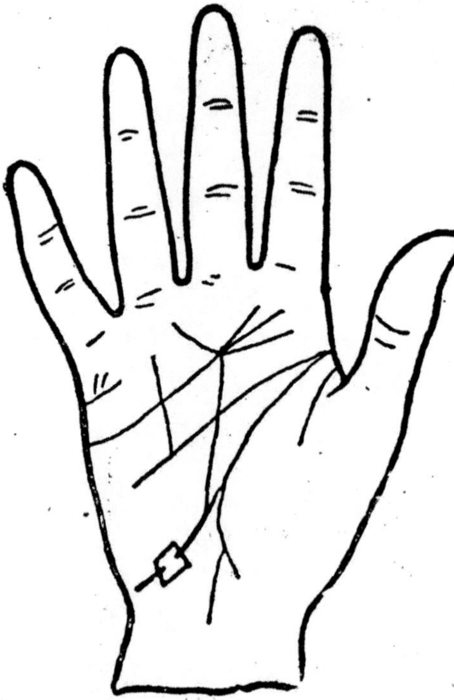

理查・E・丙得手掌之特徵

理查・E・丙得小傳

理查・埃弗林・丙得 Richard Evelyn Byrd 爲飛越南北兩極之探險家。一八八八年十月二十五日生於維基尼阿。十三歲單獨航行，周游全世界；在中國海遭遇颶風，於炮火交加中到達馬尼拉。幼時喜閱讀兩極探險家之故事，受其影響，亦欲成一偉大之探險家。畢業於維基尼阿大學及海軍學校，時航空進步迅速，彼對之發生興趣，欲利用航空，實行探險；得當局贊助，入海軍部航空處實習。一九二五年航空探險之理想漸趨具體化。彼奉命爲航空探險隊司令官，偕機師福羅得・潘納 Floyd Bennett

飛越南北極及大西洋之飛行家——理查・E・丙得

旅行線——丙得

RICHARD E. BYRD

在北極作試探式之飛航，歷程二千哩，獲得極豐之飛行經驗。一九二六年五月，又偕福羅得・潘納自斯別茲白零 Spitzbergen 起飛，通過北極，創歷史紀錄，爲飛越北極之第一人。柯立芝總統特獎以國立地理學會金質獎章，贈地理研究院名譽博士。當時彼聲稱欲於十年內完成飛越南極之壯舉。在南極探險隊組織就緒以前，彼攜同志三人，由紐約飛往法國，於四十二小時內飛行四千二百哩。二年後，時值一九二九年十一月二十九日，彼果與同伴三人飛越南極，於十九小時內飛行一千六百哩。理查・E・丙得胆識過人，勇於自信，而不貪小利，謙下忠厚，故飛行家多欽敬之，奉爲領袖云。

世界名人掌形附小傳

災禍徵象線

波爾・杜美總統之掌有此線

〔說明〕感情線斷落，有災禍徵象，主其人將遇不測之橫禍，危及生命。（其他特徵從略）

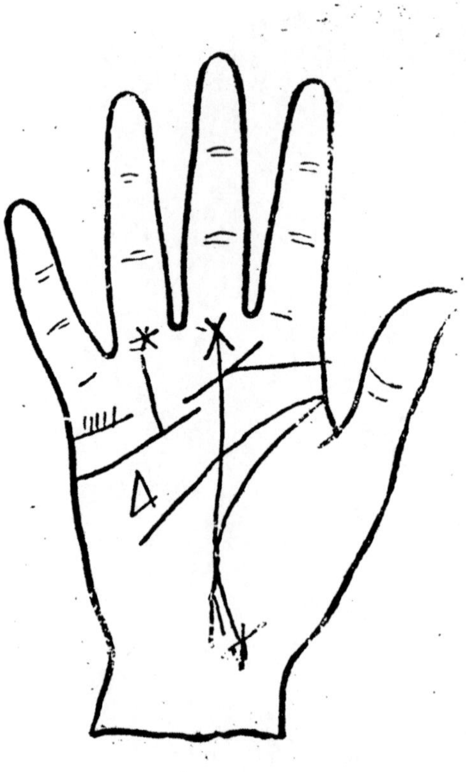

波爾・杜美手掌之特徵

波爾・杜美小傳

法蘭西總統波爾・杜美 Paul Doumer 慘死非命，舉世悼惜。一八五七年三月二十二日生於法蘭西某村，父係鐵路工人。杜美誕生之日，其父適病死。居屋甚陋，其母每月須付租金一元。不久遷居巴黎設小店肆為活。杜美十一歲時，在一五金店中為學徒，自營生活。每晚自五金店歸來，自修甚勤，至深夜不輟。彼常俯伏所讀之科學書籍上，沈沈入睡鄉；翌晨，母覆溼手巾於其額上，彼即矍然而醒，復往店中工作，未嘗稍露倦怠之色。十五歲時受巴黎行政當局主持之檢定考試，審查成績優良，取得

出身微寒，中年爲政治大員，後爲法國大總統，猝遭狙擊而死。——波爾・杜美

災禍徵象線——杜美

PAUL DOUMER

教師資格。十八歲爲學校教員。後以欲入政治界，乃努力研究法律。二十二歲爲某政治機關報主筆。一八八八年，初次當選國會議員，時年三十一。三十八歲爲財政部長，稱理財能手。繼被任爲印度支那總督，亦著政聲。回法後，二次被選爲國會議員，數年後當選議長。一九〇六年參加總統競選，未能成功。歐戰期內，迭任要職，其四子悉戰死沙場，作壯烈犧牲。一九三一年五月任參議院議長，並參加總統競選，敗亞斯士泰提・濮蘭德 Aristide Briand 於同年五月十三日接任大總統職務。一九三二年五月六日，猝遭一俄籍醫生狙擊，其光榮之政治生活遂永告結束矣。

世界名人掌形附小傳

長壽保險線

興登堡手掌有此線

（說明）長壽線卽生命線之變型，始自食指拇指之間，向手掌延伸，圍繞拇指基部，成半圓形，止於掌邊，明朗粗長，足爲長壽之徵。而綫之內層更有護線卽保險線，尤足表示出生入死，履險如夷。（其他特徵從略）

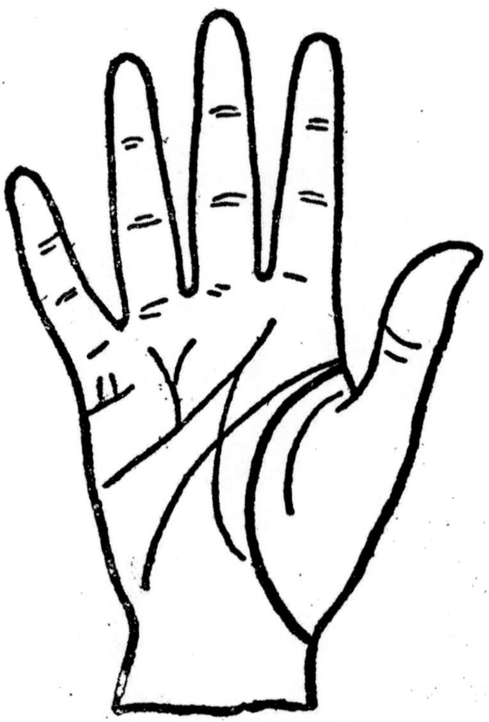

興登堡手掌之特徵

波爾·豐·興登堡小傳

波爾·豐·興登堡係德意志帝國陸軍總司令，德意志共和國第二屆大總統。一八四七年十月二日生於波蘭境內樸森。原係擁有田地及農奴之貴族，數百年以來，效忠皇室，祖先多爲軍人及政治家。一八六六年奧波戰役，興登堡任陸軍中尉，每戰必身先士卒，馳騁槍林彈雨之中，屢遭危險，某次波軍槍彈自彼之頭部擦過，洞穿所戴之鋼盔，此盔現猶懸掛於興登堡之書齋中留爲紀念。迨鐵血宰相俾士麥執政大敗法軍，訂城下之盟，德意志帝國因此建立。在此期內，興登堡無役不從，益信武力之足爲國家後盾。德法和約完成，自前線歸來，仍服務軍界，不數年升任高級長官。渠爲一極端嚴肅之軍人，除軍事外，

歐戰名將，德國第二屆大總統，由帝制派轉變而爲擁護共和之元首——波爾·豐·興登堡

長壽保險線——興登堡

PAUL VON HINDENBURG

不知其他，亦無他種興趣；其私人生活可以二語包括之：「努力練兵」及「克盡厥職」而已。一九〇九年退伍，與外界絕少往還。彼在漢諾佛置有小別墅，種蔬栽花，度悠閒之歲月。一九一四年歐戰爆發，再起爲陸軍司令，担任東戰場指揮，阻遏來犯之俄羅斯軍隊；德軍防地固若金湯，胥出自興登堡之調度與指揮。興氏乃成世界公認之歐戰名將。一九二五年德意志共和國第一任大總統弗利得雷·亞伯特逝世，全境陷入混亂狀態。帝制派慫慂興登堡出而競選，以爲復活帝制之地步。當選後，在民衆歡呼聲中，宣誓就職。未幾而帝制派大感失望；蓋興登堡雖與皇室有密切關係，但其所關心者爲整個日耳曼民族之前途，渠既宣誓效忠於共和國家，即不願以私害公，而虧職守云。

世界名人掌形附小傳

博愛線

琴妮・亞當斯掌上有此線

〔說明〕博愛線爲感情線之變相，始自掌之邊部，橫貫手掌，末梢如叉，叉齒兩端，一在食指下，一在食指與中指之間，有此線者主慈善爲懷，不惜犧牲個人利益爲全人類造福。

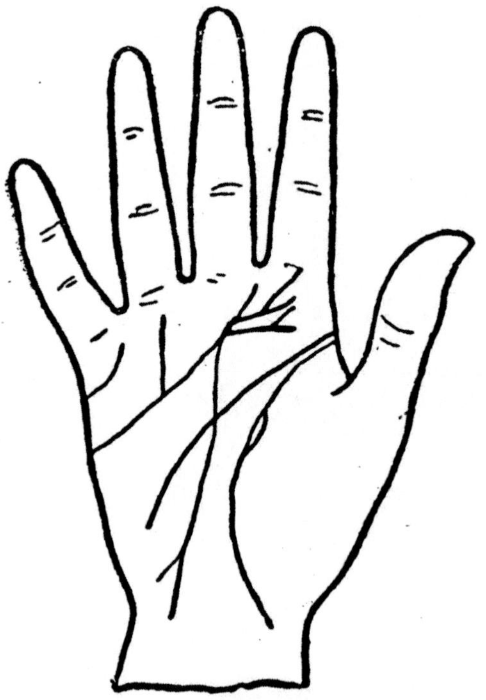

琴妮・亞當斯手掌之特徵

琴妮・亞當斯小傳

琴妮・亞當斯 Jane Addams 爲社會慈善家，畢生致力於造福人羣。一八六〇年九月六日誕生於易立諸衣斯 Illinois 棲達維尼 Cedarville 父約翰・亞當斯 John H. Addams 係教友派教徒，數任州議會議員，喜參加社會事業，設麵粉廠，擁貲甚鉅，與林肯總統爲莫逆交。琴妮幼時，習聞林肯軼事，皆其父所口述者，伊之崇拜林肯，同情貧寒，即受此影響。初立志行醫，冀遂救世之願。肄業非勒得爾非亞 Philadelphia 女子醫科大學二年，體質忽告衰弱，不克支持，乃赴歐洲療養。一八八九年返美，與同學愛倫・蓋茨 Ellen Gates Starr 在芝加哥創赫爾堂 Hull House，作社會事業之實驗區。查爾斯・J・

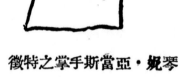

人類造福者——琴妮・亞當斯

博愛線——琴妮・亞當斯

JANE ADDAMS

赫爾 Charles J. Hull 原係芝加哥慈善家，生前居住該區有年，琴妮特命名赫爾堂，以紀念之。該區在琴妮指導之下，由貧民窟一變而為當地慈善事業之中心及模範區域。新建築年有增加，音樂集會時有舉行，文學藝術，亦皆斐然可觀。經營既久，赫爾堂遂為全世界所矚目。但琴妮之活動，不限於芝加哥一隅，伊親往各處考察，調查貧民狀況，並從事各項救濟事業。第一次世界大戰爆發，奔走和平，不遺餘力。大戰結束後，聲譽鵲起，與哥倫比亞大學校長尼古拉・摩雷・白特勒博士 Dr. Nicholas Murray Butler同得諾貝爾和平獎金。世界以女性獲得此項獎金者，自琴妮・亞當斯始。

四角線

比利時前王亞爾培掌上有此線

〔說明〕四角線，乃由感情線，理智線，命運線之各一部份與垂線所造成。生有此者，主慷慨，百折不撓。（掌紋上更有其他特徵從略）

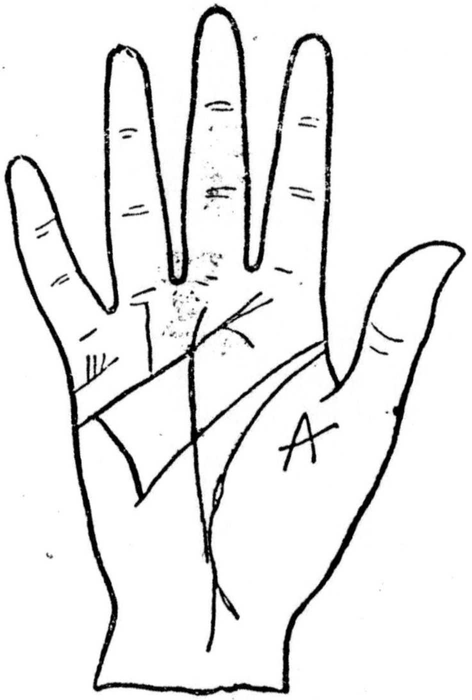

比利時前王亞爾培手掌之特徵

比時時前王亞爾培

小傳

比利時前王亞爾培Albert於第一次世界大戰時，統率比國大軍，喋血疆場，以勇敢馳譽當代，在歐洲君主中，復以傾向民主政治的精神爲世所稱。渠爲利歐波爾得二世Leopold II之姪，於一八七五年四月八日誕生。比利時爲君主立憲國家，憲法規定，王室長子始能承繼大統。比王利歐波爾得有三女而無子，傳位於其弟法蘭德斯伯爵Flanders。法蘭德斯伯爵崩，乃由幼子亞爾培於一九〇九年十二月繼位。大戰期內，比大軍雲集，

偉大之君主，著作家及軍人——比利時王亞爾培

四角綫——亞爾培

KING ALBERT OF BELGIUM

論爲戰爭焦點，危險不堪言狀。彼身先士卒，統率少量軍隊，遏阻德軍之侵襲，以斷德軍往攻巴黎之路，法京賴以保全。彼深明韜略，具領袖天才，故能以少勝衆，以弱禦暴，迨協約國勝利，彼於一九一八年遄返首都。時大劫之後，創痍未復，救濟建設諸要政，胥賴彼之規畫，乃得有所成就。謀國之忠，任事之勇，爲舉國上下所欽佩；其功業可稱不朽！

亞爾培身高六呎，精騎術，萬幾之暇，常以垂釣爲樂，尤擅駕駛汽車。據彼自稱，生平篤好文學，頗有著述，願以寫作終身。詎料數年前，駕車出游，偶一不愼，覆車墮崖而死。彼平日深得臣民愛戴，歿之日，全國哀悼，如喪慈親云。

雄辯無敵星

尼薩圖．厄爾卡洛．薩木拉掌上有此星

〔說明〕此星發現於小指尖端；主擅長詞令，聽衆每爲其熱情所感動。（掌紋上尙有其他特徵從略）

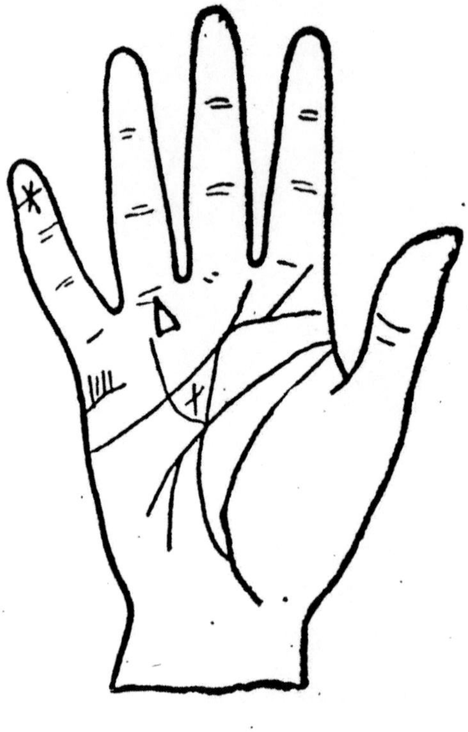

薩木拉手掌之特徵

尼薩圖．厄爾卡洛．薩木拉小傳

西班牙共和國第一任大總統唐．尼薩圖．厄爾卡洛．薩木拉 Don Niceto Alcala-Zamora，一八七七年七月六日誕生於西班牙，本爲貴族，且係具有悠久歷史之保王黨。一九三〇年十二月十四日，爲革命軍隊所拘。出獄後，改變政治主張，參加推翻亞爾方朔政權之種種活動。共和政府成立，當選爲總統。

彼在西班牙，稱首屈一指之演說家，歷有年所。又爲名律師。渠家係大地主，四百年來，

西班牙第一任大總統，擁護共和之貴族，名律師
——尼薩圖・厄爾卡洛・薩木拉

雄辯無敵星——薩拉木

NICETO ALCALA-ZAMORA

迄未衰替。晨光熹微中，鄉人常見其着寬碩之外衣，蹣跚於橄欖林內，躬耕不輟，怡然自得。

彼之族人於一八一二年即開始作政治活動，熱烈主張共和，以致遭政府拘禁，喪失自由及生命者，不一其人。彼初學法律，為保王黨，一九〇七年在瑪德里 Madrid 任政府書記官，為其政治生活之開始。屢經擢升，於一九一八年任公共事業部長。一九二三年，與獨裁者勃雷摩・得・利弗諾 Primo de Rivera 同時落職。繼轉變為共和份子，重登政治舞台。強迫廢王亞爾方朔於三小時內離境之命令，即係由彼簽發者。

冒險星

阿曼森船長掌上有此星

〔說明〕有此星者主有充足之冒險精神，此星發現於生命線之支線上，其人必不惜身家生命之犧牲，甘於冒大險阻，不避艱難，以期探求事物之眞相。（掌紋上仍有其他特徵從略）

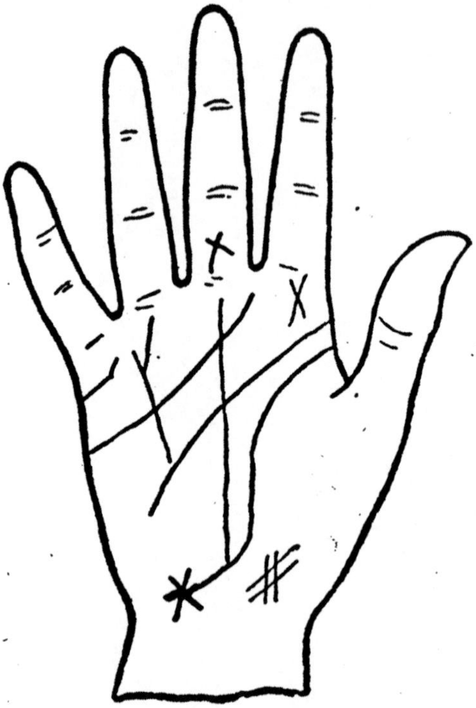

阿曼森船長手掌之特徵

羅埃爾得・阿曼森船長小傳

羅埃爾得・阿曼森船長Captain Roaid Amundsen 爲當代最偉大之探險家，又係到達南極之第一人。一八七二年七月十六日生於挪威沙士白格 Sarpsburg 具備斯干的那維亞半島民族共有之特性，宜於在冰天雪地中，作冒險的探索。爲人沈靜寡言，刻苦耐勞，勇敢尤非常人所及。

一八九七年，彼初次探險，參加喬樂哈 Gerlach 領導之比利時南極探險隊，在比爾基阿 Belgia 船上担任職務。

一九〇五年，自領船隻，通過白

探險到達南極之第一人——羅埃爾得・阿曼森船長

冒險星——阿曼森

CAPTAIN ROALD AMUNDSEN

令海峽 Eerhing Strait，創闢西北航線。三百年來，各國航海家莫不欲闢此航線，屢試無效，至阿曼森乃告實現。

一九一一年，在南極豎立挪威國旗，備受國內外之讚美頌揚。

阿曼森往南極探險成功後，復集合舊伴，同志五人自挪威海 Norwegian Sea 出發，往北極探險，一去不返，久之僅在海上發現彼等所乘船隻之碎片而已。此偉大之探險家已實現其生平之主張——死於活動 dead in Action ——作壯烈之犧牲，死當無憾，然此種大無畏之精神，更偉大於其事業上之成就，允爲世界所欽敬而奉爲模範也。

世界名人掌形附小傳

野心十字

薇克・貝姆掌上有此十字

〔說明〕此十字在食指基底部，主野心可能實現，凡有圖謀，罔有不如意者。（掌紋上更有其他特徵從略）

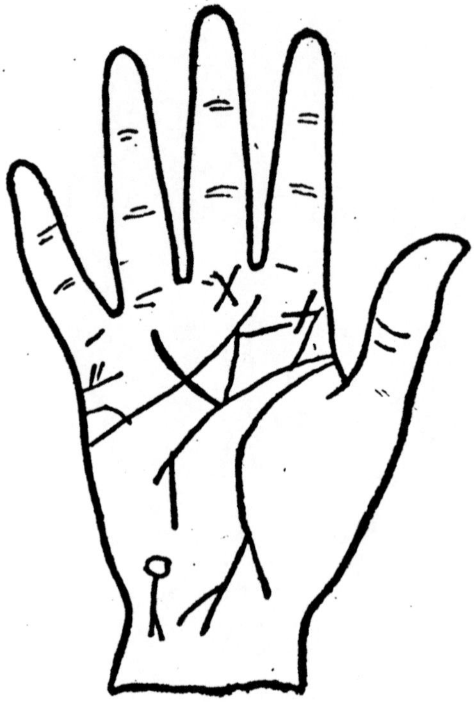

薇克・貝姆手掌之特徵

薇克・貝姆小傳

薇克・貝姆 Vicki Baum 生於維也納，爲名主筆兼音樂家，著大旅舍Grand Hotel等說部，傳誦全球。係音樂世家，具藝術天才，自幼酷好寫作。童時學習豎琴，年方十一，即參加音樂會，公開獻技，被譽爲神童。遊歷中歐數年，在樂隊中伴奏。十八歲與一青年著作家結婚，未幾離異，再醮李却・勒爾脫Richard Lert。勒爾脫係柏林公立劇院監督，婚後伉儷情深。但經濟狀況，不甚寬裕，薇克乃努力寫作，成小說極多；以大旅舍消路最佳，獲得國際讚許。且改編爲舞台劇，在英美德等國公演。倫敦紐約柏林三城之劇院，悉以該劇爲號召，上座之盛，堪稱空前。後又攝

女音樂家兼文學家——薇克・貝姆

野心十字——貝姆

VICKI BAUM

成電影成績亦佳。續作似水流年 And life Goes On，祕密判決 Secrat Sentence，名乃益著。伊寫作多在深夜，處理材料極爲審愼，必先將搜集所得之材料詳加研究，繼以嚴格選擇，方開始著筆。伊育二子，爲典型的賢妻良母。性好幽靜，常年居鄉，與外界絕少往還。其作品爲現代德國社會之反映，英美人士頗愛好之。其所描寫之人物，不限於某一階級，自礦工、農夫、旅舍侍役、以及鉅商、政客，形形色色，應有盡有。結構曲折複雜，引人入勝。人道主義色彩，雖甚爲濃厚，但因觀察深刻，描寫細膩，讀之不覺沈悶，在德國文學界中，自有其卓越之地位，乃不可否認之事實也。

三脚架

大衛・柏列士可掌上有此線

〔說明〕此三脚架發現於食指基底之部，主其人有極聰明之表演天才，宜於劇人生活。

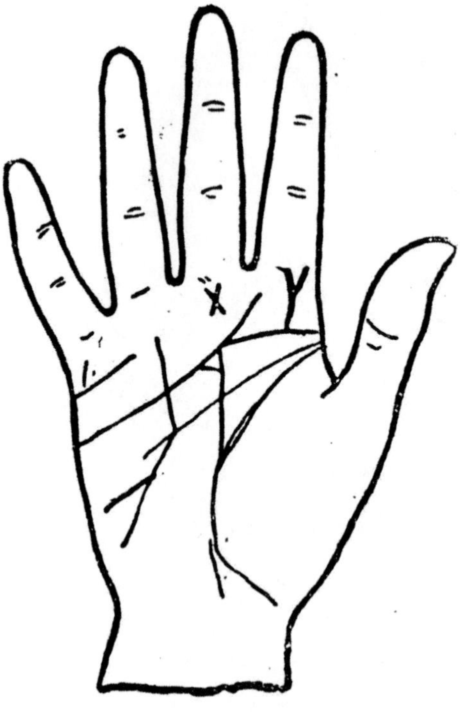

大衛・柏列士可手掌之特徵

大衛・柏列士可小傳

大衛・柏列士可 David Belasco 係美國著名伶人兼劇本作家，一八五四年七月二十五日生於舊金山；祖本為葡萄牙籍猶太人，姓威納士可 Velasco，自葡萄牙逃至英格蘭，時當哥倫布發現美洲之後。父名亨弗雷・亞伯拉罕・柏列士可 Humphrey Abraham Belasco。一八三〇年生於倫敦，初為啞劇丑角，繼遷居美洲，改業小販。大衛幼時，其父來往舊金山及太平洋沿岸各城鎮，販運皮貨及煙草；本短利微，家極貧困，由一牧師教導大衛之責，歷時二年又半。大衛不慣枯寂之僧侶生活，悄然逃去，在一馬戲團中，任小丑脚色。十歲初次登台，演薛立敦 Sheridan 著名悲劇

已故名伶兼劇本作家——大衛·柏列士可

三脚架——柏列士可

ADVID BELASCO

辟薩羅 Pizarro。其後數年，研究演說術並寫成兒童傳奇劇數種；時彼方受雇於一書店及煙草店，司奔走侍應之職，所有寫作，均於洗衣揩抹地板時成之。年未二十已婚，爲一等伶人。二十九歲，已演出名劇一百七十五部。一八八二年在紐約大劇院任經理。一八九〇年麗絲勒·卡脫夫人 Mrs Leslie Carter 主演醜小鴨 The Ugly Duckling，由大衛導演。後乃自編自導，若干名伶多以演出彼之創作爲榮。前後導演名劇三百部，自編者一百部，復擅長佈景設計，能獨闢蹊徑，使景物佈置，酷肖現實，俾加强劇中之空氣。歿於一九三〇年五月，時年七十七，在美國劇院史上佔重要之一頁云。

機械天才之半圓眼

路易・勃勒雷奧掌上發現此眼

〔說明〕半圓眼線，主機械天才，由感情線直達食指與中指之中縫，及由成功線之分岔造成半圓眼線於中指下，主有機械天才，技術高妙。

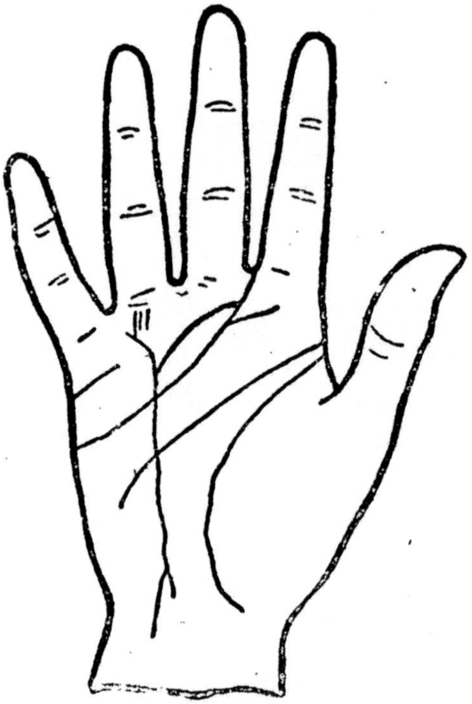

路易・勃勒雷奧手掌之特徵

路易・勃勒雷奧小傳

雷衣特兄弟爲美國航空先進，路易・勃勒雷奧則爲歐洲航空界之先知先覺。路易於一八七二年在法國誕生，一九〇〇年即開始學習飛行。最初設計作翼狀飛行器，宣告失敗。一九〇七年改製，作處女飛行。一九〇九年飛越英吉利海峽，創長途飛行之空前紀錄。時爲七月二十五日，彼扶杖至卡拉衣斯；飛行前曾爲一着火之發動機所創，負傷甚重，必杖而後能行。由二機師之助，昇入機中，無測量儀器，僅特一政府供給之兵艦停船海中爲目標。未達十分鐘，此唯一之目標已渺不可見；乃作盲目飛行，向英吉利海岸進發。二十分鐘以後，瞥見石灰質巖石。據路易親口告人，此

歐洲航空界前輩，飛越英吉利海峽之第一人——

路易・勃勒雷奥

機械天才之半圓眼——勃勒雷奥

LOVIS BLERIOT

次飛行，該白色海岸線給予之刺激最大。飛近英格蘭，暴風忽起，被吹至韜佛堡東數里，迴旋空際，見有綠色小徑，遂從空而下。自起飛至降落約共三十分鐘。不一日而全世界皆知路易造成之新紀錄，敦倫每日新聞報館特奬以一千鎊。晚年卜居巴黎，猶關心航空方面突飛猛進之種種發展。蓋路易飛越海峽以後，未達二十五年，飛機已掃除深山巨谷叢林海洋等交通障礙，飛過南北兩極；世界各國已普徧採用為交通工具。最新式者，速率每分鐘可達四哩，載客數十人，行程數百哩，以視路易・勃勒雷奥粗陋之小型飛行機，自難相提並論。然路易・勃勒雷奥在航空上之貢獻，則屬空前絕後云。

慈善線

伊凡琪林・蒲士掌上有此線

〔說明〕慈善線為感情線之變型，始自手邊通過手掌，末梢岔為叉形，叉齒一至食指下，幾達手邊，及分岔抵食指基端。一至食指與中指間。主樂善好施，及有軍事領袖天才。

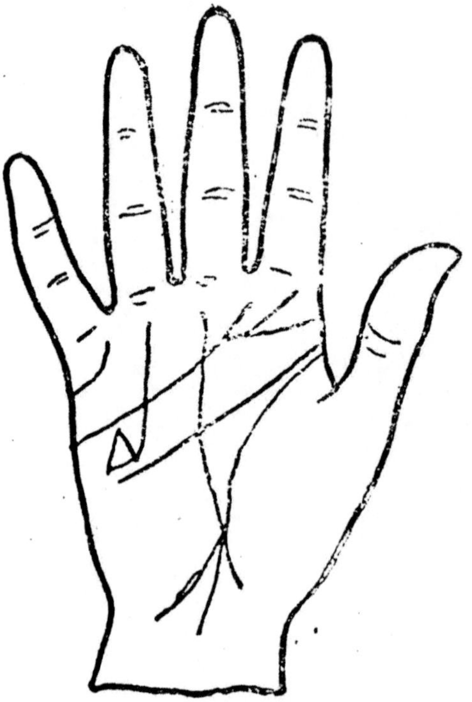

伊凡琪林・蒲士手掌之特徵

伊凡琪林・蒲士小傳

美國救世軍司令伊凡琪林・考萊・蒲士 Evangeline Cory Booth為創辦人威廉・蒲士將軍William Booth 之女，生於英國倫敦，兄弟姊妹共七人。伊凡琪林幼年，居住英倫，一保姆教養之。一九〇四年威廉命伊任美國救世軍領袖，從事救濟及宗教運動。伊接任後，努力改善內部組織，募集基金，救世軍之活動不久即推行全美。伊工作時間

美國救世軍司令，演說家兼藝術家——伊凡琪林・蒲士

慈善線——蒲士

EVANGELINE BOOTH

每日幾達十八小時，從未面現倦容；監獄，鬧市，學校，均有足跡。歐戰發生，伊特派救世軍一千一百人赴歐，担任慰勞救護縫紉工作。一九一九年得金質榮譽獎章。伊以爲救世之目的，在發揮人類互助博愛之精神，具此精神者始能從事其他事業，而爲該軍領袖之人物，更當以身作則，力行不懈。伊富於救濟經驗，施舍得當；辦事認眞，尤屬難得。伊爲演說家，音樂家，詩人，兼製曲家；公餘喜騎馬及游泳云。

世界名人掌形附小傳

舌辯天才線

白里安之掌有此線

〔說明〕此線始自第四手指下感情線，上行止於小指基部；小指尖端更有星狀紋，皆主舌辯天才；口若懸河，聽者動容。

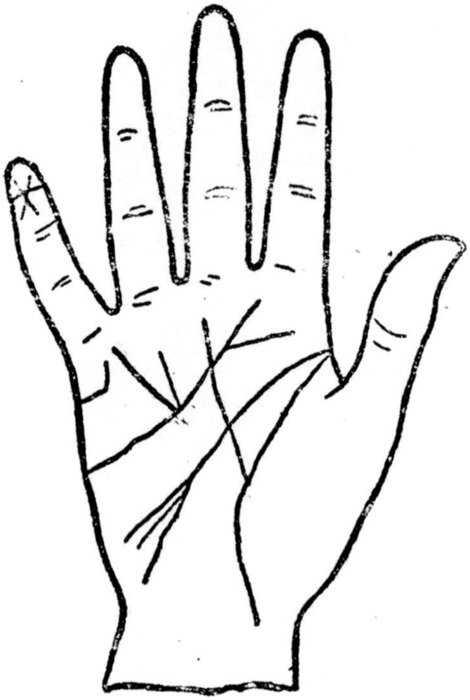

白里安手掌之特徵

七〇、亞爾斯泰提・白里安

小傳

亞立斯泰提・白里安 Aris-tide Briand 曾任法蘭西閣揆十一次，一八六二年四月二十八日生於不列泰尼・南斯 Brittany Nantes。父不列泰尼人，母維達尼 Vendeené 人；初業農，繼而經商。幼年立志爲航海家。渠叔在某船爲舵工，一日船覆溺死，鄰人共舁其屍歸家；渠見而氣沮，遂不再作航海之想。乃改習法律，擬學成後獻身司法。年二十二歲，在聖・拿賽爾 St. Nazaire 創辦報紙，現該報仍繼

任法國總理十一次，諾貝爾和平獎金得獎人——
亞立斯泰提·白里安

舌辯天才線——白里安

ARISTIDE BRIAND

發續行，迄未停頓。後至巴黎，忙於報館及律師工作。一九〇二年當選爲國會議員。八年之間，兩任內閣總理，極力主張宗教與政治分離。世界大戰初起，白氏復力主反德，籌劃抗戰，厥功甚偉。一九二一年代表法國參加華盛頓會議，擁護和平。一九二五年，和平實現，得諾貝爾和平獎金。白氏曾提議仿美國制度，組織歐洲聯邦，以求完成永久之和平。歐戰期內，任外交部長七年，任期之久，台勒蘭 Talley-rand 後，以白氏爲第一人。一九三二年四月六日病歿，全世界皆表示悼惜云。

口才星

布賴安之掌有此星

〔說明〕口才星發現於小指尖端，凡大演說家多有之。

（掌紋尚有其他特點從略）

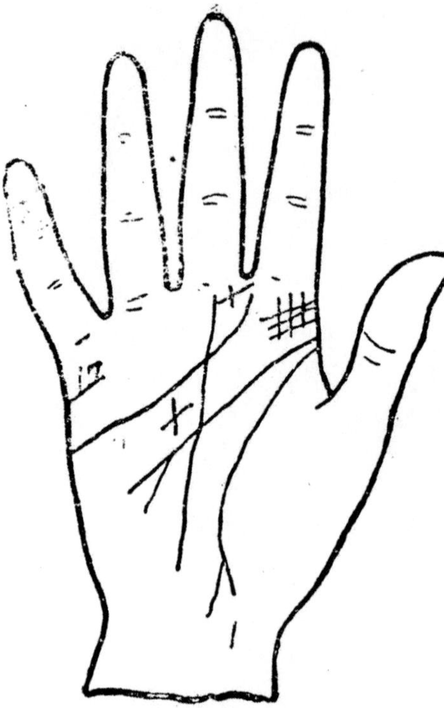

布賴安手掌之特徵

威廉・秦甯士・布賴安小傳

威廉・秦甯士・布賴安 William Jennings Bryan 爲美國政界鉅頭之一，一八六〇年四月十九日誕生於依里諾衣斯 Illinois，童時抱四種野心：欲作種植家，政治家，著作與名律師；長成後悉能如願。威廉之父爲共和黨。結婚後，服務州議會任事八年，作律師十二年。一八八七年因父之勸告，加入共和黨，活動甚力，出席州議會爲議員。一八九〇年當選國會議員。開會時發表言論，輒多警策，爲儕輩所折服，羣推彼爲議會代表，負對外發言之責。彼有志於更高之發展，毅然辭謝候補人之選，不欲連任國會議員。一八九四年參加議

WILLIAM JENNINGS BRYAN CALLES

名政客「金十字架」之演說詞，世稱傑構
——威廉·秦寧士·布賴安

口才星——布賴安

員競選慘遭挫衄，初嘗失敗之風味，但不稍氣沮。一八〇九年又復參加競選。時賄賂公行，得票之多寡，往往以經濟力之厚薄以爲斷。威廉身登講壇，黑色之髮披拂耳際，口講指畫，聲如雷鳴，向聽衆大呼曰：『君等宜戴棘刺之王冠，爲人類幸福而鬥爭；不宜斷送人類於金十字架上也！』聽者爲之動容。彼數爲總統候選人，聲勢之盛，傾動全美。在政界負一時重望，似舉足重輕；但競選多遭失敗，選民欽仰其言論豐采，敬愛之，歡呼之，奔走追隨，鼓舞若狂；但投票時則另選他人。威廉歿於一九二五年七月二十六日，享年五十五歲，全國震悼，咸認其演說天才優於但尼爾·韋勃斯脫 Daniel Webster 云。

世界名人掌形附小傳

領袖星

波盧達克將軍之掌有此星

〔說明〕領袖星在食指底下，主天賦領袖才能。

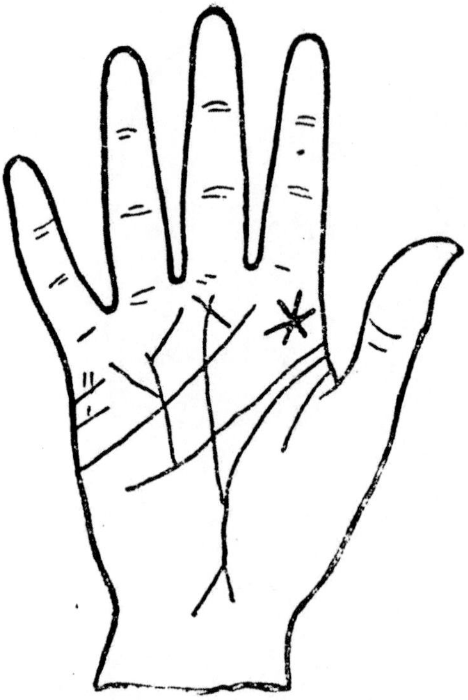

波盧達克手掌之特徵

波盧塔克・愛立斯・考爾斯小傳

波盧塔克・愛立斯・考爾斯將軍 Plutarco Elias Calles 崛起於內亂擾攘之墨西哥，以武力鎮定全國，爲政府領袖，功業可謂卓著。波盧達克將軍於一八七七年在墨西哥之赫瑪西羅州 Hermosillo 誕生。十七歲時，因學識豐富，已在其母校担任教師職務，備受學生信仰，浸升爲當地視學委員。彼精明强幹，不欲久在教育界服務而改入政界。參加推翻獨裁者霍埃塔 Huerta 之組織，發起暴動，一變而爲新墨西哥之領袖人物。初任

墨西哥總統——波盧塔克・愛立斯・考爾斯將軍

領袖星——考爾斯

GENERAL PLUTARCO ELIAS

索奴拉 Sonora 州總督，後被舉爲墨西哥總統。彼與奧勃雷翁 Obregón 齊名，且同爲新政府之中堅份子。但持重渾厚則遠過之。彼待人接物，備極和藹；在變亂相尋之國度內，竟能戡定叛徒，樹立新政權，且連任總統，安若磐石，不可謂非傑出人材。彼身處亂世，家境寒苦，最後得有崇高之地位，不藉奧援，完全由於個人努力，允爲青年之良好模範。波盧塔克將軍又爲熱烈之愛國志士，廓清本國舊封建勢力，建設新道德標準及立國精神，以期適合世界潮流，卓見獨具，尤不可及云。

領袖星與婚變線

喬治．克利蒙梭之掌兼有此線

〔說明〕領袖星在食指基部，主有天賦之領袖才能。婚姻線上下有兩道，在下之一道彎向下方截斷感情線主卒至婚變。另有其他特徵從略。

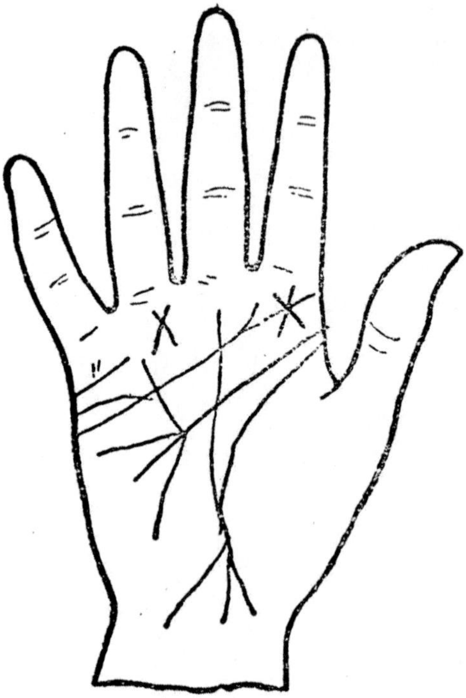

喬治．克利蒙梭手掌之特徵

喬治．克利蒙梭小傳

喬治．克利蒙梭 Georges Celmenceau，法國人尊之爲「勝利之父」。其政治生活，若斷若續，功成不驕，不以失敗爲意；法之勝德，彼之功績最著。兼長文學哲學，作品迄今猶爲法人所愛誦。歐戰時彼以七十六歲之高年出而組閣，精力瀰滿，不讓少年，有「老虎總理」之稱。一八四一年誕生，初在巴黎學醫，因參加遊行示威，遭政府之忌，被捕入獄。釋出後，欲赴美洲一觀共和國家之眞相。一八六五年抵美國，始爲醫師，繼担

政治家及文學家——喬治．克利蒙梭

袖領星與婚變線——克利蒙梭

GEORGES CLEMECNEAU

任巴黎某雜誌社特約通訊員，專司美國生活之描寫，並在司丹福Stamford 等地作女子學校教員，教授法文及騎馬術。戀一女弟子結婚同居，生子女三人；婚後二十三年離異，全世界引爲談助，以爲奇人必有奇事。彼之天才不僅限於政治活動，彼雄於辯論，爲第一流演說家。又爲國立法蘭西學會會員；戲劇，小說，隨筆，哲學研究，社會問題，均爲彼所擅長。毀之者謂剛愎自用，盛氣淩人；但其謀國之忠，實非常人可及。在法國歷史上之地位，至爲崇高，永無動搖之虞。歿於一九二九年十一月，遺產非薄，幾無以爲殮云。

愛普盧線（成功線）

柯立芝總統手掌有此線

〔說明〕愛普盧線始自命運線，穿出理智線及感情線；上升至第四手指，終點有星狀紋。主得成功，命運亨通，名利雙收。

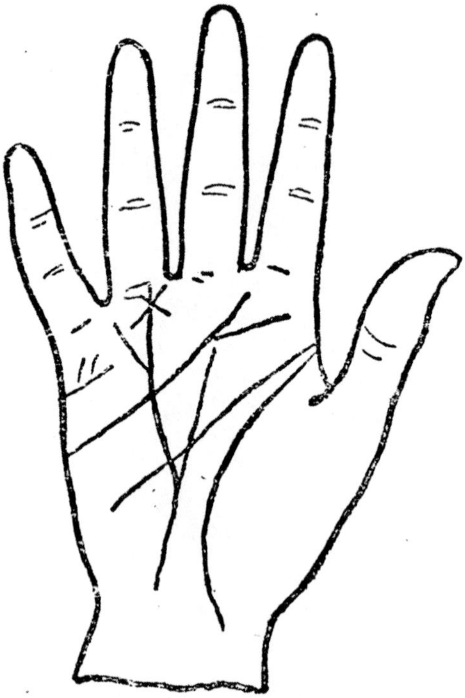

柯立芝總統手掌之特徵

卡爾文・柯立芝小傳

卡而文・柯立芝 Calvin Coolidge 出身寒素，由於個人之不斷努力，一躍而爲美國行政領袖，一八七二年七月四日生於麻省，其祖爲清教徒，於一六三〇年遷來美洲。柯立芝曾受大學教育，專攻法律。一九〇五年初在政界獲得地位，任麻省議員，後爲市長及該州行政長官，努力

CALVIN COOLIDGE

美國第十三屆總統，新英格蘭精神之表現者——
卡爾文・柯立芝

愛普盧綠——柯立芝

綏靖地方，成績斐然，聲譽漸著。一九二三年八月二日哈定總統逝世，柯立芝繼任爲美國第十三屆大總統。一九二五年至一九二九年連任。在彼任期之內，值美國黃金時代，境內秩序良好，實業繁榮，論者美之。柯立芝態度冷靜，似孤僻難近，然沈著堅毅，愛國心切，不惜犧牲，歷史家推彼爲十二名流總統之一云。

浪漫線（熱情線）

加白拉尼・鄧南遮之掌有此線

〔說明〕浪漫線或稱熱情線，在手掌之基部，由於接近命運線彎曲向下穿過生命線而成。有此線者行為浪漫。兼感情線伸延橫斷手掌，其蹤迹尤足傳誦。第四指基底之星紋，乃表現其人之事功。

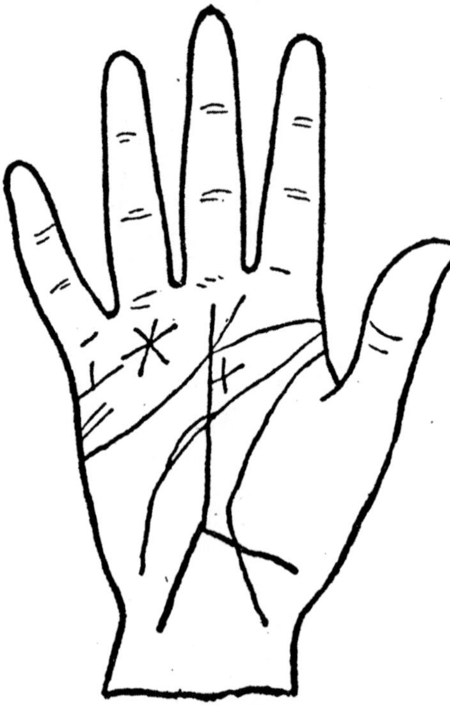

鄧南遮之掌有此線

八〇

鄧南遮小傳

加白拉尼・鄧南遮為著名文學家及意大利之民族英雄。一八六三年三月十二日生於意大利泊斯卡拉，其誕生之屋現已改為鄧南遮紀念館。早年即具文學聲譽，刊行第一部作品時，年祇十六。大學畢業，於一八八一遷居羅馬，為各大雜誌社撰稿。死城等傑作於此時期內完成，並經人譯為各國文字。彼復熱戀意大利最負盛名之女伶愛麗娜拉・都絲，於所撰劇本中，備致殷勤之意；乃生命之火焰出版後，謗議四起，都絲幾至自殺，一時傳為談助。一九一五年，此放蕩不羈之文壇怪傑，忽一變而為愛國男兒，在羅馬王宮前，向羣衆大聲疾呼，熱烈擁護參加歐戰。五十六歲為飛機隊司令官，歐戰之最後一年，乘機飛往維也納偵察，擲下印刷品二十

意大利文壇怪傑與民族英雄——加白拉尼・鄧南遮

浪漫線——鄧南遮

GABRIELE D' ANNUNZIO

五萬份，告誡該城居民，自動與德國王室脫離關係，否則即以同樣方法，實施轟炸。既而同盟國不允以阜姆商埠給予意大利，鄧南遮率志願兵一隊，自動佔領該埠，用以表示反對意大利政府之妥協行爲。此等軍人多係二十左右之熱血青年，推鄧氏爲阜姆行政長官，負維持地方之責。一九二〇年聖誕節，意艦駛抵該地，向陸上轟炮示威，以期解散此非法組織。鄧氏身負重傷，迫不得已，悄然他去。此後鄧南遮即卜居戈登尼，置一精美之別墅，杜門謝客，度其隱逸生活。而阜姆因鄧氏之暴動，終爲意大利所有，鄧氏乃成意大利朝野一致推戴之民族英雄。一九二四年意王命之爲蒙脫尼維梭公，並與首相墨索里尼出資二十五萬元爲其刊行全集云。

不屈服線

愛門·凡勒諸之掌有此線

〔說明〕不屈服線由理智線之變型，線深而寬，起自食指之下掌邊，微仰彎向下，幾觸生命線，斜貫手掌。此線主不肯屈服於強權之下。

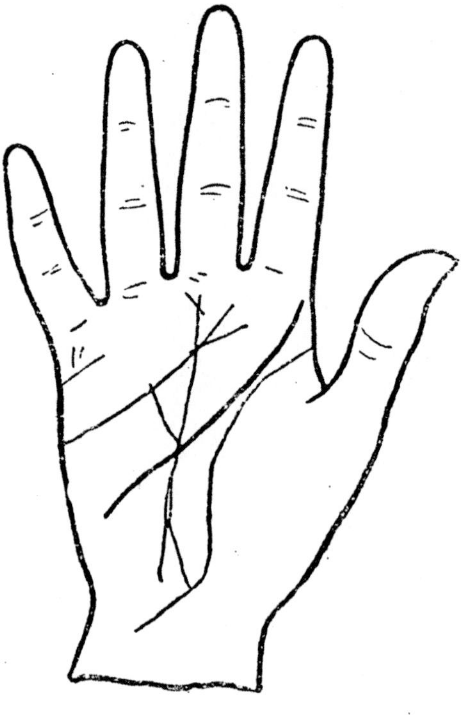

愛門·凡勒諸手掌之特徵

愛門·凡勒諸小傳

愛門·得·凡勒諸一九三二年當選愛爾蘭自由邦總統。溯於一九一六年與其黨徒彼困茂蘭，身負重傷，鮮血淋漓，奮身自一磨坊中奔出，告政府軍曰：『我即得·凡勒諸，欲殺殺我，勿傷無辜之黨員。』此後得·凡勒諸益為黨徒所愛戴。

得·凡勒諸，一八八〇年生於紐約。父為西班牙人，母為愛爾蘭人。幼年至愛爾蘭居住，並受學校教育，後為算術教師。一九一三年正式參加愛爾蘭獨立運動，繼為該黨領袖，實地策動革命。一九一六年大暴動發生，倖脫虎口，屢有被殲之傳說。得·凡勒諸倡導之獨立運動，可分兩大時期。自一九一六年至一九二二年一月

愛爾蘭獨立運動之急進派領袖——愛門・凡勒諾

不屈服線——凡勒諾

EAMON DE VALERA

七日，在此時期內，彼領導全愛爾蘭民衆，爲自由而鬥爭，英格蘭大感不安，遂與代爾・易利安簽訂和約，特許組織獨立政府。一九二三年一月，彼堅決反對代爾・易利安之委曲求全。復因與亞瑟・格力費斯之政治主張不合，勢難合作，彼以叛徒自居，不獨反抗英格蘭，抑且反對與英政府妥洽之愛爾蘭當局。一九二七生八月，與黨徒共同宣誓服從英王，取消敵對行爲。然據彼事後聲稱，此種宣誓，不過爲政治上一種形式，並無任何拘束。英格蘭政治當局以愛爾蘭爲大不列顛帝國之一部，得・凡勒諾與其黨徒則以爲愛爾蘭不但應獲得自由，且應獨立世界，與大不列顛帝國同處平等地位云。

孤零命運線

伊薩都拉・鄧肯之掌有此線

〔說明〕孤零無衛之命運線縱貫手掌，止於中指基部；主其人一生受命運玩弄，厄於無可如何之環境。

（此掌另有特徵）

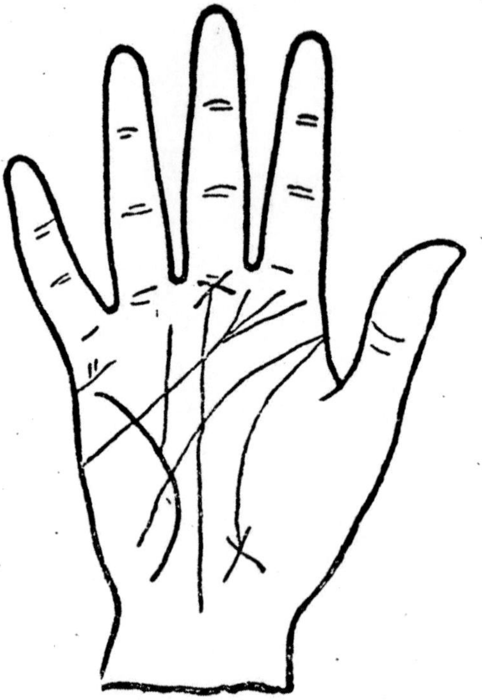

伊薩都拉・鄧肯手掌之特徵

伊薩都拉・鄧肯小傳

伊薩都拉・鄧肯 Isadora Duncan之一生受制於命運，遭遇不少悲劇。一八七八年五月二十七日生於舊金山。十七歲時，開始在紐約大劇院中充當歌女，於仲夏夜之夢內飾一仙女。早年備嘗艱苦，窮困異常。伊隻身赴歐；僅懷銀幣數枚，乘一裝運耕牛之貨船，以達舊大陸。未成名時，幾無爲生，有餓斃之虞。伊繼承希臘古曲派之舞藝，參以已見，另創新型歌舞，模仿自然界風浪諸美麗現象，使其重現於舞榭歌壇之間。新舞一出，風靡全歐。伊榮歸美洲大受歡迎，被聘在紐約之最大劇院表演。創設新

名滿歐美，晚境淒涼之歌舞鉅星——伊薩都拉·鄧肯

孤零命運線——鄧肯

ISADORA DUNCAN

古典派跳舞學校，專收女生，授以舞技。此等女生畢業後，成名者不乏其人，世稱鄧肯派舞星。伊以行為浪漫，舉動神祕，覺在美洲時感不安，乃遷居巴黎。不幸某日所乘汽車肇禍，墜落河中，二愛子同被溺死。歐戰之後，得列甯之邀，前往莫斯科。在某貴族舊邸中辦一跳舞學校。繼識詩人色奇·雅山甯 Sergé Yessenin，結婚同居。此俄羅斯青年詩人，亦係行為奇特者，婚後數年，即行自殺。鄧肯年華老大，情懷怛惻，孤苦淒涼，可憐孰甚。伊乘汽車，而幕忽落，一端牽繞車輪，一端圍環頸際，車輪旋轉不已，此一代舞星竟窒息而死，時為一九二七年九月十四日云。

科學天才線

亞爾培・愛因斯坦之掌有此線

〔說明〕科學天才線係三短線，發現於手掌上部，在第四指基之下。主其人具分析及理解之能力，對於科學有特殊發明。

〔此掌另有特點從略〕

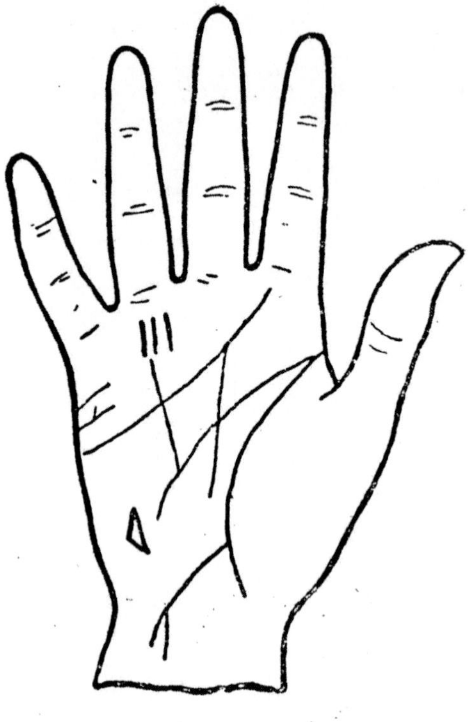

愛因斯坦手掌之特徵

亞爾培・愛因斯坦

小傳

亞爾培・愛因斯坦教授，畢生努力於科學原理之發明，而完全了解此項原理之科學家，僅限於少數。彼發明相對論，響影及於全世界，牛頓以後，當推愛氏為最偉大之物理學家。

一八七九年四月十四日生於德國，父母俱係猶太人。十五歲時，全家遷居米蘭，並受學校教育，開始研究算學，閱讀康德尼采叔本華諸大哲學家作品。一八九六年入沮立克大學。一九〇〇年畢業，同年改入瑞士籍。是時家庭多故，貧病交迫，全賴愛氏教書收入，維持生活。一九〇九年任培恩大學講師，漸有聲於國際學術界。繼在蒲魯格大學任教授一年，復回沮立哈。柏林科學專門學校聘為特約

相對論之發明人，曾獲諾貝爾物理學獎金——亞爾培・愛因斯坦

科學天才線——愛因斯坦

ALBERT EINSTEIN

講師，得自由授課，不受學校行政方面任何限制。二十六歲時，在世界科學家中已爲首屈一指之人物，發表與引力及光線有關之相對論學說。一九一九年日蝕期間，獲得相對論新學說之最後證據。新學說之科學基礎，益告鞏固，名乃大噪。一九二一年獲得諾貝爾物理學獎金。此後十年中，蟄居柏林，繼續工作，試將一切自然法則，歸納爲一簡單之公式。一九二九年相對論遂有第三部鉅著綜合之定律刊行。氏爲人坦白直率，不尚虛僞。歐戰時擁護和平，大受柏林人士之抨擊。又爲巴力斯坦猶太復國運動之領袖，但非狹義的民族主義者，彼固不斷爲人類之進步而努力，冀於眞理方面有所發現。愛因斯坦爲偉大之科學家，同時於哲學音樂，均有深刻研究與濃厚之趣味云。

世界名人掌形附小傳

持恆線與婚姻異常線

范朋克之掌有此線

〔說明〕持恆線發現於生命線弧形內間，主其人身體活潑矯捷及主作事有恆，能保令譽。又婚姻線有二道，一道且曲下，亦將感情線切斷，主婚姻有異兆。

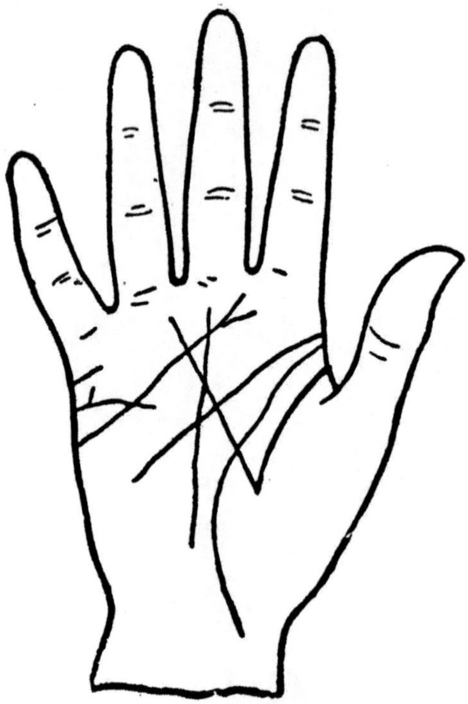

范朋克手掌之特徵

多格勒士·范朋克

小傳

多格勒士．范朋克爲美國電影鉅星。體格強壯，行動矯健，時帶神秘之微笑。一八八四年五月二十三日生於丹佛。父爲紐約律師，因至西部尋求鑛產，遂定居丹佛。兩歲時，自十呎高之天棚上跌下，額上永留疤痕。成年後，職業更換不定，初爲舞台伶人，最後始登銀幕。早年極喜莎氏比亞戲劇，誦讀排演，視爲日常功課，於哈姆雷特一角，尤具研究，台詞能背誦無遺，個性之表演亦恰到好處。十七歲時，全家遷回紐約。彼因愛好莎翁戲劇，從事劇人生活，本在意料之中；繼以爲大學教育，或有助於戲劇之認識，乃暫時放棄投身伶界之企

電影武俠明星——多格勒士・范朋克

持恆線與婚姻異常線——范朋克

OUGLAS FAIRBANKS

圖，往哈佛大學肄業。但未能取得丹佛學校之證明文件，祇得爲特別生，未幾脫離哈佛。舞台生活之初期，不甚順利，曾脫離若干時期，改充鐵器店及小押店職員。後又研究法律，擬繼其父而爲律師。威廉・白賴達勸之重登舞台，主演名劇多種，果大獲成功。初次主演電影羔羊，由格里費士導演，每週薪金二千元，十星期完成。此後聲譽日隆，每年收入達一百萬金元。范朋克之演技以矯健敏捷著名。過去電影界表演之動作，多較現實的動作遲緩，范氏則獨破成例，以一貫的迅疾之作風與觀衆相見於銀幕之上。范朋克結婚兩次，其第二夫人曼麗・璧克馥亦電影鉅星。范朋克乃不幸竟於年前以心臟病猝卒，享年五十六歲，人皆惜之。

理解線

佛羅得博士之掌有此線

〔說明〕理解線發現於手掌中央，斜向小指延伸；在四指基有三小縱線，主其人富理解能力，可在科學與哲學方面獲得佳譽。

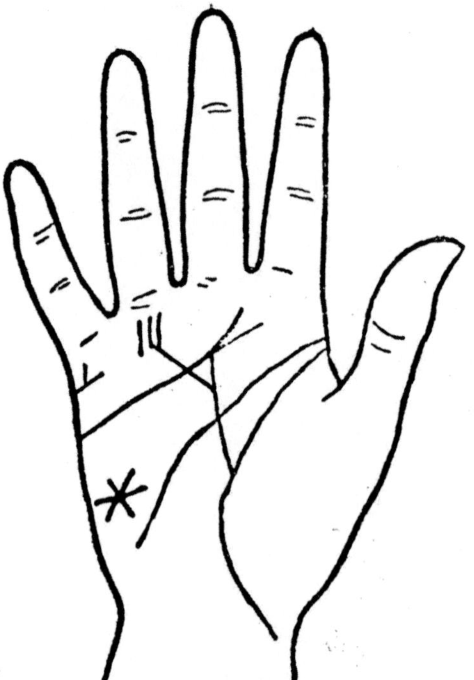

佛羅得博士手掌之特徵

西克門・佛羅得小傳

西克門・佛羅德博士 Dr. Sigmund Freud 為心理分析之發明者，現存之科學家除愛因斯坦外，罕能與之匹敵。一八五六年五月六日，誕生於捷克境內，父母皆係猶太人。五歲時曾居住奧國維也納。因愛哥德所著自然 Die Natur 一文之影響，發奮學醫，一八八一年在維也納大學得博士學位。一八八四年維也納某醫師告彼，一有神經衰弱預兆之病人，曾因使其在催眠術狀態下回憶過去，祛其病源，而竟獲痊愈。此種療法即係將來心理分析

心理學專家——西克門・佛羅得博士

理解線——佛羅得

SIGMUND FREUD

之初步。一八八五年佛羅得往巴黎，從數心理學專家，專攻正宗派心理學。彼決心研究各種神經病，從事實地試驗，希望於心理學方面有新的發現。彼以爲普通人在正常之心理狀態下，所有一切迷信，錯覺，夢幻，諸現象，皆係由滿足個人慾望而發生之作用。彼解釋夢之作用及成因，尤具獨特見解，使數千年來未嘗解決之謎，一旦釋然。佛羅得發明之精神分析，以研究病態心理爲出發點，而以了解正常心理作用爲最後目的。在心理學之園地內，爲新闢之途徑，已引起一般研究科學者之濃趣味矣。

情緒線

女明星嘉寶之掌有此線

〔說明〕情緒線在食指基部，爲一半圓線；主其人擅表情天才，長於戲劇及音樂。

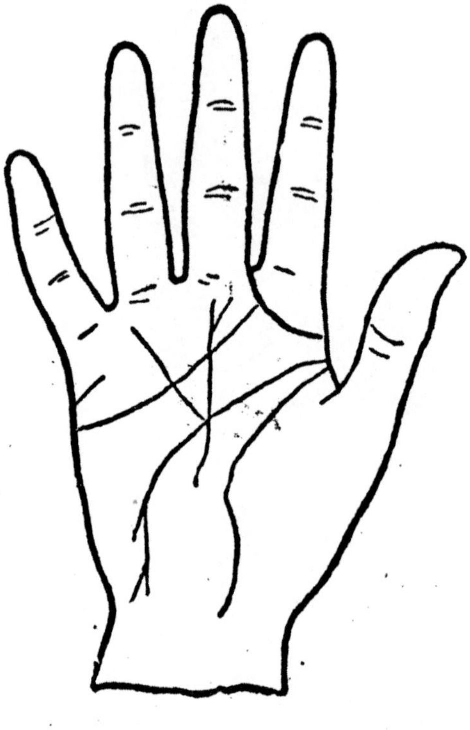

嘉寶手掌之特徵

葛麗泰・嘉寶小傳

葛麗泰・嘉寶Greta Garbo之眞名爲葛麗泰・格斯塔費蓀Greta Gustafson，一九〇五年九月十八日生於士托克荷姆Stockholm。幼時家貧。傭於于理髮館及服裝店。銀幕生活開始於瑞典，爲一喜劇導演家所識拔，主演流浪者彼得一劇。後續演影片多種，並接收友人勸告，改名嘉寶。偶演莎氏比亞支尼里勞Schnitzler諸名家劇作，因表情深刻，漸得國際聲譽。一九二五年偕史鐵諾Stiller結伴往

電影明星——葛麗泰·嘉寶

情緒線——嘉寶

GRETA GARBO

好萊塢，初演洪濤The Torrent.，聲譽雀起。次演肉與魔鬼，與約翰·吉爾彼得 John Gilbert合演，得牡丹綠葉之效，遂成影界鉅星。伊不樂與人接近，尤厭談個人瑣事，其生活狀況不爲人知，故有神秘之稱。然好讀書，關心演技之改進，無驕盈自滿之習。伊演片甚多，公司獲利甚豐，故薪給亦極厚。電影之風格與技巧頗受伊之影響，一九三二年往歐蘇作長途旅行，重訪聯違已久之士託克荷姆故居。近年來息影美洲，業已放棄影界生活，但其芳名，迄今猶爲人稱道不衰云。

旅行線與冒險線

吉朋士之掌有有此線

〔說明〕旅行與冒險線始自生命線，向手之邊部延伸，末梢分岔爲叉形；主其人從事旅行與冒險。

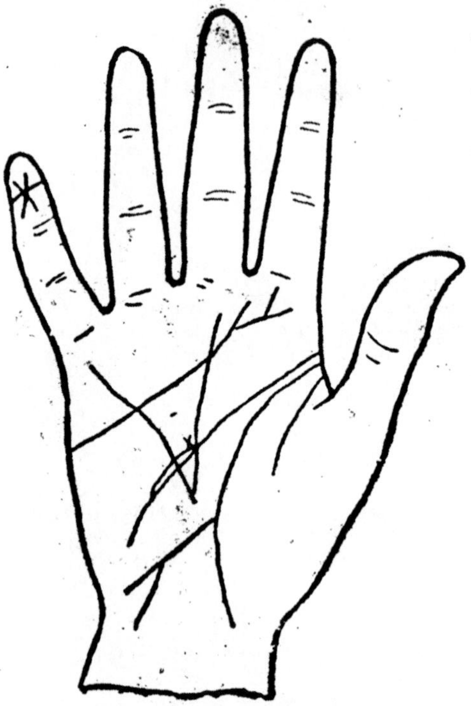

吉朋士手掌之特徵

福勞得·吉朋士小傳

福勞得·吉朋士 Floyd Gibbons 爲著名之戰地通訊員，冒險家與狩獵家，游縱所及，遍於全球。一八八七年七月十六日生於華盛頓。二十歲爲報館訪員，因年齡尚輕，工作未能熟練，爲報館辭退。離館之際，主筆厲聲呵之曰『君將永無作報人之可能。』彼夷然不顧，隻身赴美洲西部，從事各種不同之職業——爲木行職員，運煤小工，農場短期工人，暇時刊行地方報紙，以不耐勞瘁，身體日瘦，遂往芝加哥，作某社會主義機關報訪員，數月內擢升副主筆。一九一二年改入芝加哥講壇報館，漸爲社會人士所注目。美國參加歐戰前數月，奉報館命令，派往倫敦爲戰地特約通訊

美國著名戰地採訪員——福勞得・吉朋士

旅行冒險線——吉朋士

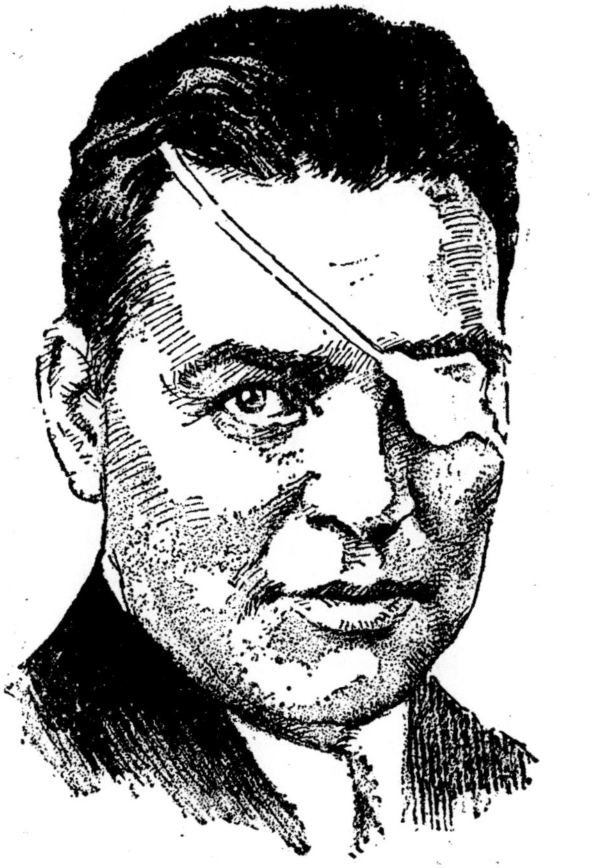

FLOYD GIBBONS

員。德國襲擊不列顛羣島時，彼適攜帶乾糧，穿著防水外套，乘船出發前線，採訪新聞。不料爲德潛水艇瞥見，立放魚雷，大施轟炸。所乘之船爲魚雷擊沉，彼及少數乘客遇救不死。數日之後，彼之通訊稿已於美報上刊出，長數千言，該船擊沉之經過詳述無遺，傳誦全世界。美國參議院曾據此爲德國暴行之證據，公開宣讀於議場之內。經五星期之討論，美國宣告參戰。美軍開抵法國，吉士朋隨軍採訪消息，至戰爭結束始遄返新大陸。世界大戰以後，吉朋士平均每年至少須往戰地一次，且不限遠近，不拘戰爭規模之大小，故世界各地，均有其足蹤。彼出入槍林彈雨，罔知畏懼，其左目即係爲流彈擊中而失明者云。

九五

機械天才線

胡佛總統之掌有此線

〔說明〕機械天才線發於第四手指下，V狀線內，係三短線；主其人具機械天才，獲得成功。

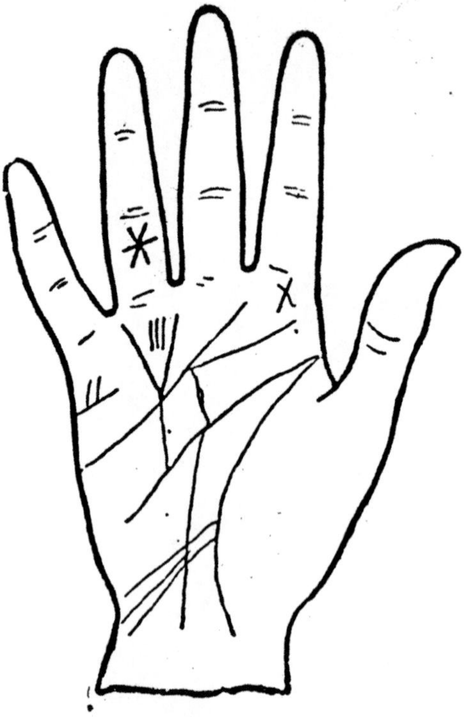

胡佛總統手掌之特徵

赫爾勃・胡佛小傳

赫爾勃・克拉克・胡佛 Herbert-Clark Hoover 出身農場童工，終爲世界著名人物。一八七四年八月十日生於伊烏瓦 Iowa 一小村中。父係鐵匠，與母均屬教友派教徒。胡佛六歲喪父，母恃縫紉度日，去世亦早。時胡佛年僅十歲叔父攜往紐堡。十七歲前已有志入大學。識一工程師，遂亦欲以工程師爲職業。斯年秋季司丹福大學初辦，胡佛進校肄業，專攻地質學及開鑛，於一八九五年以優良成績畢業。初在尼凡達 Nevada 鑛中任推鑛石車之職，位卑薪低，不甚得意。繼至舊金山法工程師處工作，能力卓越，大被賞識，年薪提高至一萬五千元，時年僅二十歲。一九一四年

美國大總統，工程師——赫爾勃・胡佛

機械天才線——胡佛

HERBERT CLARK HOOVER

時大戰初作，美國僑民留歐者二十萬人，由胡佛派船前往，接回本國。比利時發生饑饉，死亡載道，胡佛組織慈善團體，廣求捐助，獲得鉅款，全活比民極衆。一九一七年美國參加戰爭，威爾遜總統任之爲食糧管理部部長。雖在德潛艇襲擊之下，美國運糧船隻，仍來往新舊兩大陸之間，協約國軍隊食糧未嘗有匱乏之虞，胡佛調度指揮之功，爲不可沒。戰爭結束，胡佛組織大規模之戰後救災團體，分設辦事處於歐亞各地。一九二○年哈定總統特任之爲商業部長。一九二八年當選爲美國大總統，尊榮已極，而其爲國效勞，慈善博愛之精神，與歐戰期內初無二致，尤爲國人所欽服云。

觀察敏銳十字

哈雷・哥的尼之掌有此線

〔說明〕敏銳十字發現於手掌上部，在中指與第四指之間；主觀察敏銳，無所畏懼。

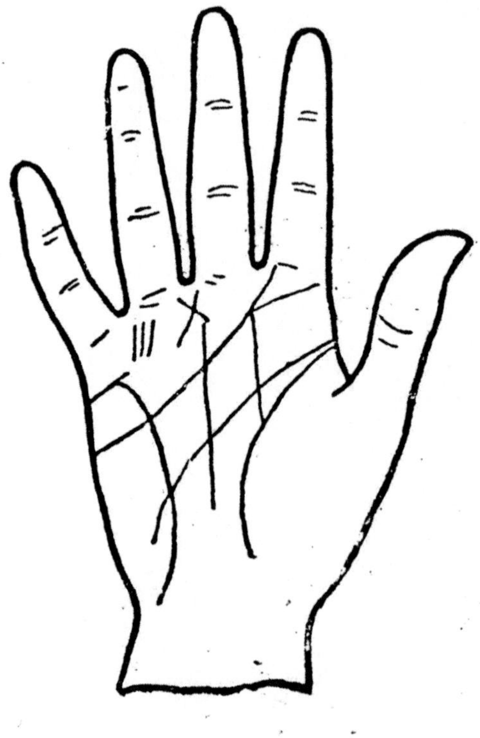

哥的尼手掌之特徵

哈雷・哥的尼小傳

哈雷・哥的尼 Harry Houdini 為現代最偉大之魔術家。一八七四年三月六日生於威士康新，父為牧師。

一八八二年開始為魔術家，環游世界數次，於若干名人及統治者之前獻技，備受歡迎。

彼技術高妙，令觀衆相顧愕然，莫能知其究竟。彼能掙脫鐐銬，自窮襖或牢穴內脫身而出。又嘗令人活埋之於棺內，深入地下六呎之處。又可安睡大鐵箱中，外綑金屬繩索，擲入海內。後皆安然無恙。

此等技術自為不可思議，有若干

魔術家與靈魂學家——哈雷·哥的尼

觀察敏銳十字——哥的尼

HARRY HOUDINI

祕術，當永爲無可推測之謎。惟據彼告人曰：『余唯一要着在克服恐佈。余身被鎖鍊臥於箱內，外有鐵索，被擲入海，此時千鈞一髮，精神方面當絕對保持沈靜，勿使稍慌亂之現象。余須運用緻密迅速之技能。余慌亂則死，稍有疏忽，或偶逢意外之事，爲始料所不及者，余難倖免，故必使心無雜念，而後技能方稱神妙。觀衆所稱賞者爲刺激緊張之演出，而不知余事先之訓練自己，如何克服恐怖，爲更難能可貴也。』

哈雷·哥的尼，以魔術家馳名世界，於靈魂學亦有深刻研究，貢獻甚巨。一九二六年十月三十一日病歿，年五十二。

精神肉體平均發展線

包貝・瓊斯之掌有此線

〔說明〕此線乃延續理智線，作鈎曲向上延伸；主精神肉體平均發展，專心致志於事業之成就。

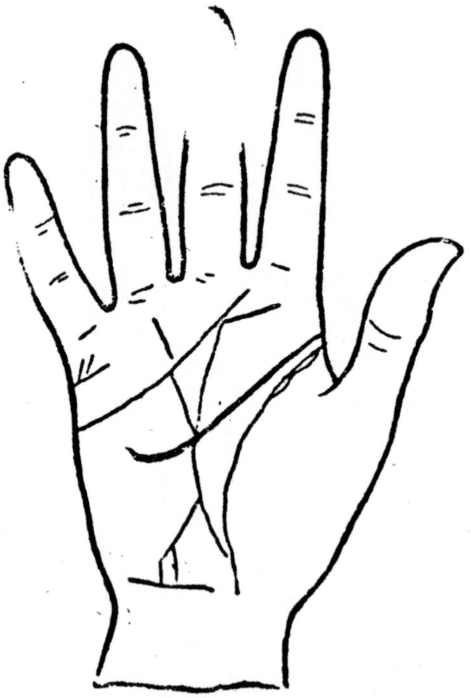

包貝・瓊斯手掌之特徵

包貝・瓊斯小傳

包貝・瓊斯 Bobby Jones 爲哥爾夫球聖手。一九〇二年四月十七日生於阿特蘭那 Atlanta。童年體弱多病，曾爲家庭醫師斷其決無生理。五歲時，醫師告其父云，此兒須常年度戶外生活，不再留之屋內，方有苟延殘喘之希望。此後彼卽學作哥爾夫球戲。八歲球藝大進，參加當地中學生哥爾夫球錦標比賽，報名

高爾夫球王——包貝·瓊斯

精神肉體平均發展線——瓊斯

BOBBY JONES

資格以十八歲以下之兒童爲限。連獲兩次錦標。十八歲得喬治亞Georgia全州業餘賽錦標。一九二四年敗喬治·奉·烏爾姆 George Von Elm 而得全國錦標。一九二六年得美洲公開比賽錦標。一九三〇年連敗英國遠征隊及美國第一等業餘球隊；稱霸世界，一時竟所向無敵，乃宣告退休，改學法律。包貝·瓊斯造成若干珍貴紀錄，在哥爾夫球史上爲一長勝之球王云。

詩才線

吉卜齡之掌有此線

〔說明〕詩才線在第三指下，相互交錯；偉大之詩人常有之。（另有其他特徵從略）

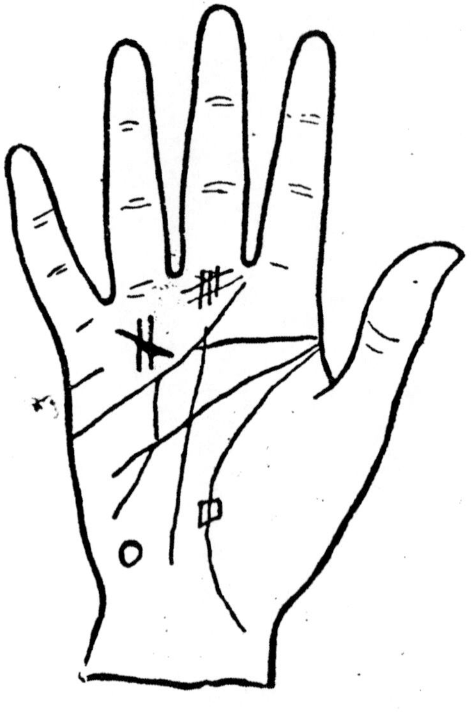

吉卜齡手掌之特徵

路耶・吉卜齡小傳

路耶・吉卜齡爲大不列顛愛國詩人，諾貝爾文學獎金獲得者。一八六五年十二月三十日生於印度孟買。早年居住拉華，拉華係潘加首邑，英駐防軍隊之勢力中心，印度各式生活之匯合場所。渠父約翰・洛克塢・吉卜齡時任該地英國博物院藝術顧問。約翰後遣吉卜齡返國求學，肄業地溫郡聯合大學。該校係爲英殖民地各官佐子弟所特設。吉卜齡在校開始學習講述故事，博覽羣書，自文學，繪畫，教育以至宗教，無所不讀。夜晚在宿舍內，向同學講說故事，偶有忘却之處，即運用其想像及豐富之辭彙，隨時補充，聽者忘倦。又曾主編課外文藝雜誌，五分之四之材料，由渠一人

RUDYARD KIPLING

英國詩人兼小說家，曾獲諾貝爾文學獎金——路耶·吉卜齡

詩才線——吉卜齡

供給。畢業後回至印度，任拉華報館記者，繼爲阿拉巴哈先鋒報副主筆。在阿拉巴哈著述甚多，聲譽漸佳，薪給日增。二十一歲刊行第一部散文詩集短歌類編，立獲成功；此後每年出版創作一二種不等。一書既出，銷行立盡，書肆有供不應求之感。愛好英國文字之讀者，於吉氏作品，推崇備至；需求之殷，如飢似渴。歐戰後一度擱筆，出品漸少。英格蘭人以爲吉卜齡係但尼生後之最偉大詩人，但因某種原因，未能膺不列顛桂冠詩人之選。一九〇六年得諾貝爾文學獎金。然其在文學上地位之高，爲當代英國一般文學家所不及，桂冠詩人之虛銜，固不足爲吉卜齡榮。晚歲退居英格蘭，老境至適，甫於數年前逝世云。

榮譽星

林白之掌有此星

〔說明〕榮譽星發現於第四指下，在成功線之上；主境遇良好，希望實現，且可獲得榮譽。

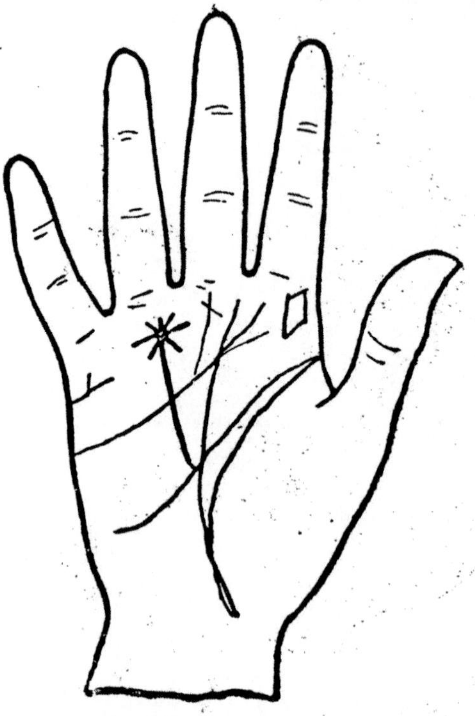

林白上校手掌之特徵

卻爾斯·林白小傳

卻爾斯·屋格斯特斯·林白上校於一九〇二年二月四日生於密歇恩，父為國會議員。早年居住敏納叔達小瀑布附近，後隨父母至華盛頓，居議會住宅區，並在該區學校肄業。入威斯康新大學讀書二年。有志作飛行家，改進林肯某航空學校，結束學業後，自費購買一舊式軍用飛機，飛行全國。一九二四年又入達克薩斯布魯克菲爾軍隊航空學校，以求技術之深造。畢業以後，初為郵務航空機駕駛員，運送郵件，飛行時間多在深夜，沿途危險異常。斯時林白即有志作不着陸飛行，一九二七年五月，自聖·德哀哥飛行紐約，中途在聖·路易曾一度降落。五月二十日飛往巴黎。二十一日晚間，喜訊傳來，林白上校

單人駕機由美國飛至巴黎——却爾斯・林白上校

榮譽星——林白

CHARLES A. LINDBERGH

之飛機已安然降落巴黎近郊，全球驚歎，讚爲奇蹟。林白自巴黎歸來，作全美飛行，歷程二二〇〇〇哩訪問城市七十二處。又自華盛頓起飛，爲不着陸飛行，到達墨西哥，以私人資格，遍訪墨西哥軍政要人，傳達美政府親善之意。在墨識美大使之掌珠安妮・絲朋塞・莫維。一九二九年五月二十七日結婚。翌年，在思格爾塢林白夫人之母家，誕生一子，夫婦鍾愛異常，視同珍寶。一九三二年四月一日，此生甫二十一月之愛兒小却爾斯・屋格斯特斯，竟爲匪徒乘誕綁去。五月十二日此兒之屍於某處森林附近發現，全世界表示悼惜。全美輿論除同情林白外，一至抨擊當局，不應使兇徒漏網，故謀害林氏愛兒之兇手，終遭破獲，宣告死刑云。

運動三角

李勃登爵士之掌有此線

〔說明〕運動三角線在食指下；主酷好運動。爵士之具商業才能，其掌紋另有其他特徵，非本文所及。

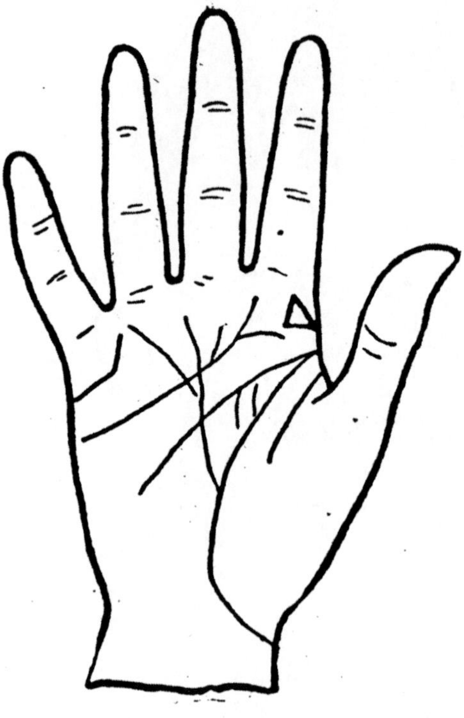

李勃登爵士手掌之特徵

湯姆斯・李勃登小傳

湯姆斯・李勃登爵士 Sir Thomas Lipton 以商人馳名世界，但酷好體育・素爲體育家所愛重。一八五〇年五月十日生於蘇格蘭。父母係愛爾蘭人，因饑饉遷移愛爾蘭，至蘇格蘭開設小雜貨舖，營業不振，全家生活無法維持，湯姆斯早歲已自謀生活。十七歲至美洲，數年之間，積資五百元。乃攜款回英，開設小店，定名爲李勃登有限公司。不列顚帝國爲廣大之茶葉市場，湯姆斯於各種貨樣及銷行狀況，詳加研究，親赴錫蘭，種植茶樹，貨品不再仰給他人。且出品日精，李勃登茶葉公司遂名震遐邇。一

茶葉鉅商兼游艇專家——湯姆斯·李勃登爵士

運動三角——李勃登

SIR THOMAS LIPTON

八九八年爲爵士，一九〇二年晉授從男爵。早年置身事業之奮鬥，除商務外，鮮注意他事；蓋奔走衣食，絕少閒情逸致。迨富貴之後，覺不必以畢生精力，用於工作方面，而可另求生活之道，以尋娛樂。彼於游艇發生興趣，代表英國出席美洲，參加游艇比賽，前後計達五次。彼非優勝之游艇家，但其愛好運動之熱忱，大爲美人所敬服。一九三〇年紐約市長華爾克Walker 特贈以榮譽杯，用示崇敬。

李勃登爵士終身不娶，奉母以居，克盡人子之道。一九三一年病歿於倫敦，享年八十有一。其在商業與體育兩界之成功皆甚偉大，將爲歷史家所稱道不衰云。

神秘十字

奧立佛・道奇之掌有此線

〔說明〕神秘十字發現於手掌中央，在理智與感情兩線之間；主其人有神秘傾向。

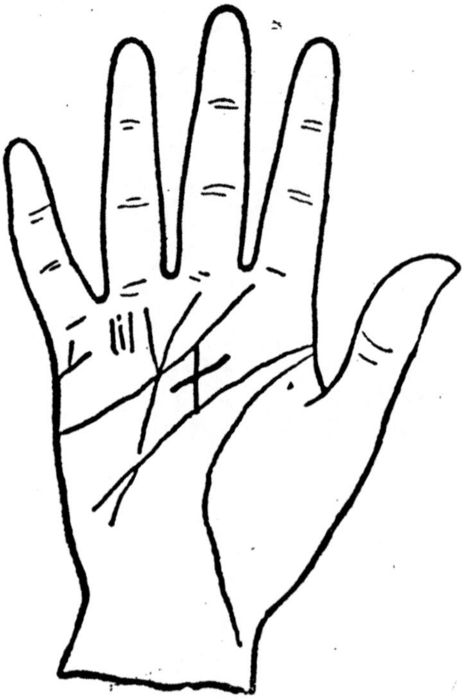

道奇爵士手掌之特徵

奧立佛・道奇小傳

奧立佛・道奇爵士 Sir Oliver Lodge 乃是主張人鬼可以交通之科學家。一八五一年六月十二日生於英格蘭本克赫爾 Penkhull，為一陶器商之子。早年彼於科學發生極大興趣，六歲時常往大道旁小火車站，鵠立等候火車開至，觀察發動機之工作情形。渠父屢加勸阻，道奇不改故態；入夜校肄業，自修各種學科，其後遂成全球聞名之科學家。道奇係無線電專家，於無線電報頗多改進，學理之發現亦多，其研究時期在馬克尼之前。彼因發明無線電及電磁波各項學理，皇家學會特聘為會員。一九〇〇年英王愛德華錫以爵士銜名。後道奇研究宗教，欲以科學原理應用於宗教方

無線電專家——奧立佛・道奇爵士

神祕十字——道奇

SIR OLIVER LODGE

而。一九〇八年初次發表其震驚界世之主張，在物理研究社宣讀論文，聲述彼深信人鬼可以交通之創見。渠子雷孟 Raymond 適死於歐戰，彼乃屢作試驗，欲與其子會晤，不料均告失敗。繼得一婦人為媒介，據云此次實驗竟能成功，其經過詳情，見渠所著《雷孟》一書。道奇爵士在該書中曰：『我與吾子暢談死後情形與坟墓實況。余乃深信人類生存不僅限於物體之軀殼，不因腦筋死亡而波及全部生活。主持人類種種活動者為意志，絕非腦筋。』又曰：『余根據個人經驗，深信世俗所認為「死者」，不過為某人已脫離其軀殼之代名詞。余曾與若干人之「意志」接觸。彼等已脫離其軀殼，然依舊保持其固有性格，感情，及記憶能力』云。

政治天才線

麥唐納之掌有此線

〔說明〕政治天才線爲理智線之變型，始自食指下，斜向下垂曲，橫過手掌，止於手之邊部；主有高尚理想，超越常識，信仰公理勝於強權。

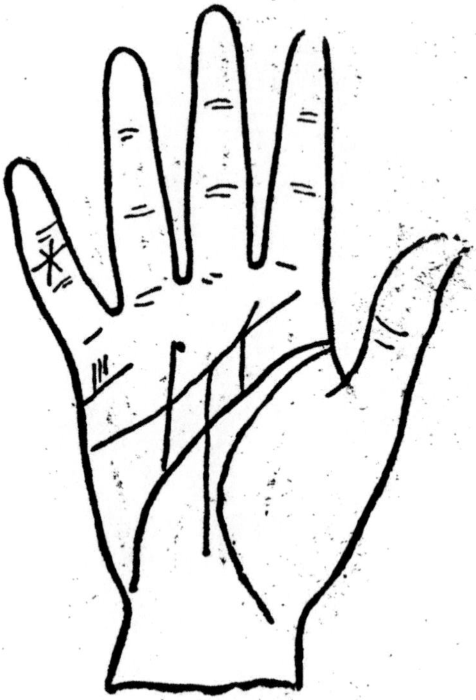

麥唐納手掌之特徵

二〇

雷姆賽・麥唐納小傳

雷姆賽・麥唐納 Ramsay Mac Donald 之一生，與美國總統亞伯拉罕・林肯相似，出身貧寒；一八六六年十月十二日生於蘇格蘭。在不列顛政治史上，首相之出身無寒素若麥唐納者。彼在蘇格蘭海濱長成，其堅忍樸實之性格，不脫海濱人之本色。二十歲至倫敦，在一公司寫字間充當書記，晚間無事，讀書自修。一八八八年爲某國會議員私人秘書，兼作雜誌編輯，參加勞工活動。一八九五年爲工黨候選議員，兩次落選。一九〇六年方正

三任首相之英國政治家——雷姆賽・麥唐納

政治天才線——麥唐納

RAMSAY MAC DONALD

式當選爲下議院議員。其後八年之間，連任工黨領袖，最後因反對英國參加歐戰，自動辭職。戰後政治地位忽然增高。一九二四年任首相，後又任首相兩次。麥氏爲人深得國民敬愛，卽其政敵對之亦無間言。彼效忠於整個民族及國家，無偏相其本人所屬政黨之惡習。彼爲工黨領袖，領導該黨，作政治鬥爭，所抱態度至爲公允和平，但不爲少數政敵所諒解。故三次組閣，終告辭職，在政治上不能認爲成功。維麥唐納以一卑微之書記，造成今日之地位，實屬難能可貴云。

幸運星

美朗之掌有此線

〔說明〕幸運星，發現於第四指基部；主事業成功，兼獲厚利。手掌發現此星之人士，類皆謀無不成，有逢凶化吉，點鐵成金之奇。

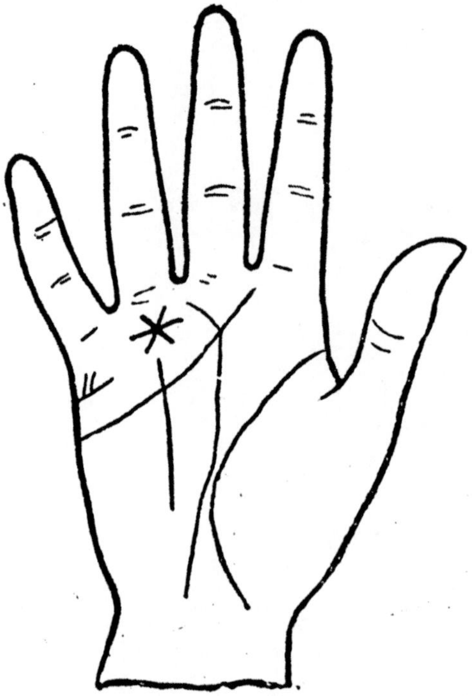

美朗手掌之特徵

安得魯・美朗小傳

安得魯・威廉・美朗 Andrew William Mellon 三任財政部長，在閣員中為最富權力之人物。一八五五年四月二十八日生於別茲堡 Pittsburgh。父係自愛爾蘭遷來之僑民，初為該地審判官，繼為銀行家，專門從事商業。安得魯肄業於別茲堡公立學校，該校現已改為別茲堡大學。初經營木材及地產事業，自創公司。一八七四年賣去地產，與其兄同入渠父主辦之美朗銀行任職，卓著勤勞。二十五歲任銀行總經理。其後又單獨經營煤鑛鐵路火油各種商業，悉獲厚利，積資日豐。一九二一年遂為財政部

三任美國財政部長，兼任職務之團體計一百六十個單位——安德魯・威廉・米朗

幸運星——美朗

ANDREW W. MELLON

長，兼任顧問或會長之團體達一百六十個單位。前後任財政部長十年，最大政績爲減低賦稅及公債發行額。私人財產在二百四十萬萬至二百六十萬萬金元之間。一九二九年十月，全美市場爲不景氣所籠罩，百業凋零，但安得魯仍不失爲世界第一富豪。彼性好甯靜，不喜活動，律己甚嚴，社交場中罕見其縱跡，惟於藝術方面略感興趣而已。珍藏名畫頗多，悉陳列於華盛頓別玆堡私邸內。生活單純而有規律，愛子與事業爲彼精神之所寄託。沈默寡言，但與彼接近之人，均覺和藹易親。一九三二年辭去財長職務，任大不列顚特派全權公使；當時，美國輿論界一致深慶得人云。

征服星

凱末爾之掌有此星

〔說明〕征服星，發現於手掌中央，在頭腦線與感情線之間，此星非人人皆有，有則主性情剛烈，意志堅強，能征服一切困難，爲人民統治者。

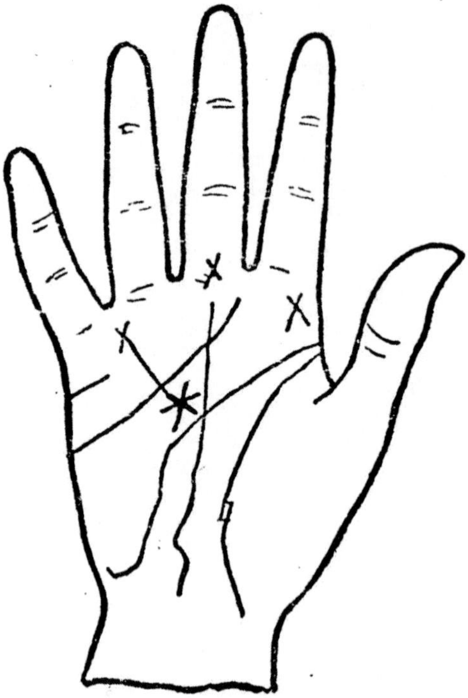

凱末爾手掌之特徵

木斯他弗・凱末爾

小傳

木斯他弗・凱末爾爲土耳共共和國之父與總統。一八八〇年生於沙樂尼卡。早年有志軍人生活，不顧父母反對，入君士坦丁陸軍專門學校肄業。課餘發行學生刊物，暢談文藝及政治，爲學校當局所禁止。一九〇一年畢業，任陸軍中尉。一九〇四年升任隊長，繼供職參謀本部，時年二十四歲。未幾發動革命，以推倒蘇丹亞勃多爾・哈密德，復興土耳其爲目的，一度被政府幽禁。嗣以暴動四起，土王大恐，下令赦免凱末爾叛國之罪。歐戰期中，扳守加里波的，以勇悍稱於世。戰爭結束，彼聯絡同志，劇烈反對凡爾賽和約；於一九二〇年，推翻蘇丹統治，攫得政權，建

征服星——凱末爾

土耳其之國父及革新者——木斯他弗·凱末爾

MUSTAPHA KEMAL PASHA

立土耳其共和國，定安哥拉爲首都，用嚴峻手段，推行新政。時外患方殷，蘇丹曾與希臘訂立盟約，割讓薩拉斯，允許希臘在小亞細亞一帶保持特殊利益及政治特權。凱末爾親率大軍，與希臘作戰，大獲勝利，將希臘駐軍掃數逐出小亞細亞，乘進佔君士坦丁，放逐蘇丹及回教領袖。廢除回教爲國教之法令，使人民有信仰自由之權利，並積極採用西方文明。土耳其人尊之爲國父，號稱無敵之征服者。一九二三年當選爲總統。凱末爾崛起行伍之間，倡導革命，救祖國於危急存亡之秋；廢除回教束縛女性之面巾，改革土耳其奇形怪狀之服裝，變艱深之亞拉伯文字爲拉丁字母，土耳其日趨現代化，豐功偉績，堪稱空前云。

公衆寵愛線

曼麗・壁克馥之掌有此線

〔說明〕公衆愛寵線自手掌基部向上延伸，達於食指基部；主得公衆寵愛，世界伶人演說家藝術家等多有之。（其他特徵從略）

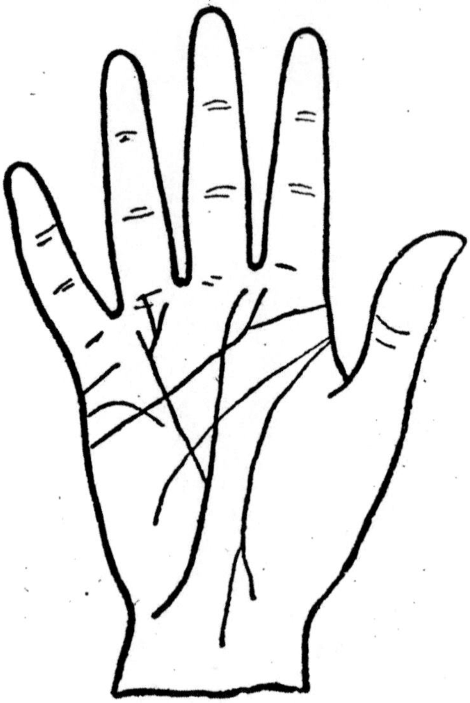

曼麗・璧克馥手掌之特徵

曼麗・壁克馥小傳

曼麗・壁克馥 Mary Pickford 爲美國電影鉅星，金髮淺笑，有「美國情人」之稱。生於加拿大，原名格雷底・曼麗・史密士。其祖先本爲愛爾蘭人。十三歲改名曼麗・壁克馥。五歲初次登台，扮演劇中男童。八歲主演小紅屋，九歲主演婚變，已成戲劇界明星。在百老匯公演金城華倫，於俏寃家內飾育女朱麗葉一角，以豐姿曼妙，表情自然得

好萊塢電影明星——曼麗・壁克馥

公衆寵愛線——壁克馥

MARY PICKFORD

觀衆傾倒。曼麗・壁克馥第一部影片由大衞・華克・格里菲士導演。成績優異，每週薪金四千元。一九一三年應聘美國明星公司，其在銀壇上之地位，突飛猛晉，每週獲薪一萬元，年終由公司贈予純利百分之五十。曼麗・壁克馥適於扮演天眞爛漫之少女，故銀幕觀衆於曼麗之印象始終爲一無邪之女郎，其在電影史上實佔有重之位置云。

宗教領袖線

教皇庇護之掌有此線

〔說明〕宗教領袖線發現於手掌上部，在食指與中指之間，教堂高級當局多有之。

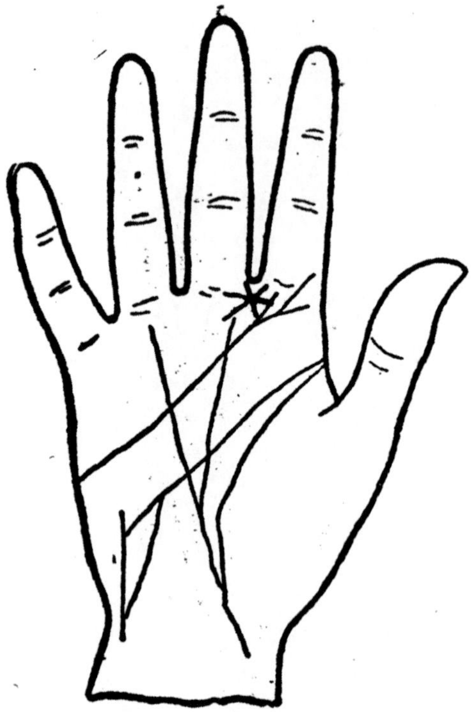

教皇庇護手掌之特徵

教皇庇護十一小傳

教皇庇護十一爲聖・彼得之第二百六十一代承繼人。一八五七年五月三十一日生於意大利某村，世爲農家，藉堪溫飽，父係織工。教皇原名亞契・恩溥魯格・得米諾・雷蒂，幼年已有宗教傾向。年僅十歲，肄業米蘭聖・彼得公學，後入孟薩教會學校以優等生資格保送羅馬魯巴大學與格利高大學，研究教廷法典神學哲學，得學士學位。一八七九年十二月二十日奉派爲牧師。自一八八二年至一九一三年，雷蒂在米蘭僧院爲牧師，繼任梵諦岡圖書館長，因此機會，於法典及教義之研究更爲透徹。每於休假時期，多消磨於亞爾卑斯山間，攀登峯頂，以代鍛鍊身體之運動。一九一

聖彼得之第二百六十一代一承繼人——教皇庇護十一

宗教領袖線——教皇

HIS HOLINESS POPE PIUS XI

九年彼任爲波蘭教廷聖使，其堅強之意志，仁慈之個性，於此時乃獲表現，而爲教廷當局所重視。一九二〇年七月，波希米亞侵犯波蘭，華沙居民恐慌已極，政府官吏亦多主遷地辦公，以求安全；雷蒂獨鎮靜如常，力勸波人毋自相驚擾，予敵以可乘之機。事後波人服其卓識，讚歎不置。一九二一年二月米蘭主教病歿，雷蒂奉命繼任；同年三月昇任教廷樞密大員。一九二二年一月二十二日教皇出缺，二月六日被舉爲教皇，稱庇護十一。庇護十一自登極後，即努力改善梵諦岡與羅馬間之關係，使節往還，幾經磋商，終於一九二九年二月十一日訂立盟約，六十年來之政務糾紛始告一段落。庇護十一鑒於世界危機四伏，屢作和平祈禱，垂歿猶以世界和平爲念云。

決斷線

李定爵士之掌有此線

〔說明〕決斷線延伸自理智線，在理智線近末一段分岔向各面紛出，主富決斷能力，於司法及行政方面特優長。

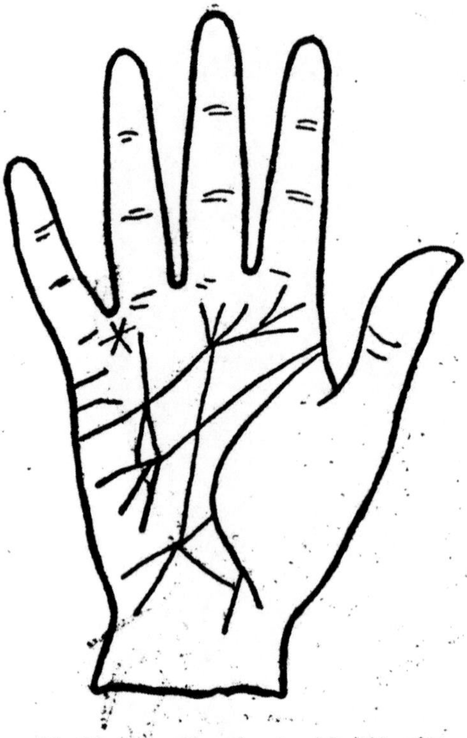

李定爵士手掌之特徵

李定勳爵小傳

李定勳爵 Marquess of Reading 生於一八六〇年，父係猶太商人，居住倫敦。十八歲離開學校，爲某汽船侍應童子，度海上生活。回至倫敦爲商店經紀人，無若何發展；改學法律，二十七歲爲律師，聲譽鵲起，五十五歲爲英格蘭首席審判官；一九一八年爲駐美特派大使，並由英王喬治頒給勳位。前次歐戰初起，英國社會經濟頻於破產，賴

印度總督兼防軍司令官——李定勛爵

決斷線——李定

LORD READING

李定勛爵之規畫，始得轉危爲安。一九二一年任印度總督兼駐印防軍司令長官。在職時採懷柔政策，期收寬以濟猛之效。時印度反英空氣濃厚，甘地領導之不合作運動蔓延各地，大不列顛帝國之統治發生動搖，岌岌不可終日。但李定勛爵愼重處理政務，應付得宜，混沌局勢遂日益朗明化。印人公認彼爲印度總督中之最溫和者。退休後隱居倫敦，殊少政治活動，但於世界大局，仍甚關心，負朝野重望云。

世界名人掌形附小傳

急智三角線

韋爾・魯格斯之掌有此線

〔說明〕急智三角線在小指之下，主突梯滑稽，擅於詞令。

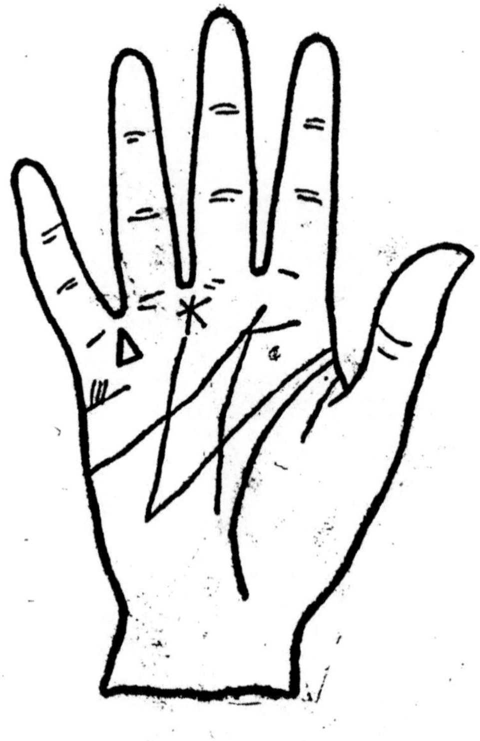

韋爾・魯格斯手掌之特徵

韋爾・魯格斯小傳

韋爾・魯格斯 Will Rogers 爲滑稽家與舞台明星。一八七九年十一月四日生於美洲，與印第安人有相當血統關係。

古代惟有君主之俳優，方有「說老實話」之資格；且須寓諷於幽默，始無危險。韋爾・魯格斯爲現代化之俳優，使舞台銀幕之氣象一新，偶爲報紙撰稿，以日常生活命題，信手拈來，妙語如珠，讀者見之，無不答以會心之微笑；但措詞超脫自然，毫無淫猥成分存乎其間。

韋爾文思敏捷，對於某項新聞發生感觸，命筆即寫，不假思索。往往一文甫就，墨痕猶溼，新作又在撰擬之中。

美國滑稽家，名伶，新聞記者——韋爾・魯格斯

急智三角線——魯格斯

WILL ROGERS

韋爾能言人所不敢言，雖偉大之預言家無其潑刺深刻。上自一國元首，下至牧童農奴，均樂與之接談。彼於人物及事理之分析，有獨到之處，偶有發揮，如奇峯突出，令人有應接不暇之感。

韋爾既爲報館記者，又屢任無線電台播音，並一度登台表演，同時爲影片公司拍攝電影；凡了解英語之人士，一致推崇韋爾爲並世無儔之幽默大家。彼係美國輿論界權威，公共意見經其發表，乃益爲精彩有力。韋爾享名之始，在紐約各大劇院。發語幽默，新穎別致，大爲觀衆讚賞。其後一帆風順，社會地位日高，與各方接觸愈繁，見解更爲透闢。所言深入淺出，益爲美國人士所傾倒云。

智慧線

蕭百訥之掌有此線

〔說明〕智慧線始自手掌中央，向第四指基部延伸；主智慧。蕭百訥之手屬哲學型，掌上有智慧線；主具文藝天才，幽默而長於諷刺，但有孤僻及禁慾傾向。（另有其他特徵從略）

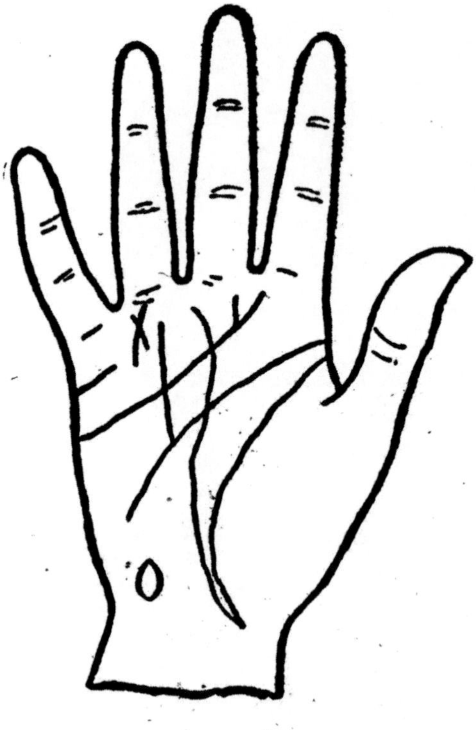

蕭百訥手掌之特徵

喬治・蕭百訥小傳

喬治・蕭百訥雖蒙喜劇的面具，為著作家亦為社會改良家，但發語冷峭，實係人類導師。一八五六年七月二十六日生於愛爾蘭杜百林一小屋中。父為典型之愛爾蘭紳士，財產不豐，而能束身自好，嚴守禮法。先世於十七世紀由亨姆郡 Hamshire 遷來。母少於其父二十歲，秉性活潑，無其父之拘謹。蕭百訥之童年為一生最不快之時期。在校成績常居殿軍。十五歲脫離學校，擬另行從師學習音樂及繪畫；但其父命在一地產商人處，充當書記，每週薪金二元。二十歲離杜百林，獨往倫敦，參加蔬食運動，宣傳社會主義，抨擊維多利亞朝以來之因襲道德。初至倫敦之九年內

智慧線——蕭百訥

現代最偉大之愛爾蘭戲劇家，以幽默馳名世界

——喬治・蕭百訥

GEORGE BERNARD SHAW

寫作收入，共計六鎊；共中五鎊係爲某商店撰擬醫藥廣告所得者。三年後，年已三十二，遇大批評家威廉・亞契，勸其勿寫小說，從事新聞事業。蕭伯訥乃撰稿投寄各種報章雜誌，評論音樂及戲劇；有暇則自寫劇本。十年後，刊行所著第一部劇本選集快意的與不快意的戲劇。一九〇二年漸著聲譽。一九〇三年人與超人出版，大獲成功，得板稅五萬餘元。次年四十八歲，諷刺劇約翰牛之島出版，傳誦全球，譽爲傑作。蕭伯訥爲社會主義者，以劇作代替課本，舞台代替論壇，實行宣傳主義；雖因過屬幽默，莊諧雜陳，觀衆絕不感覺沉悶，共在戲劇界與易卜生高爾斯華綏佔同等地位云。

行政才能三角

亞勿雷得・史密斯之掌有此線

〔說明〕此等三角在掌心第四第五指手指下，主行政才能優越。

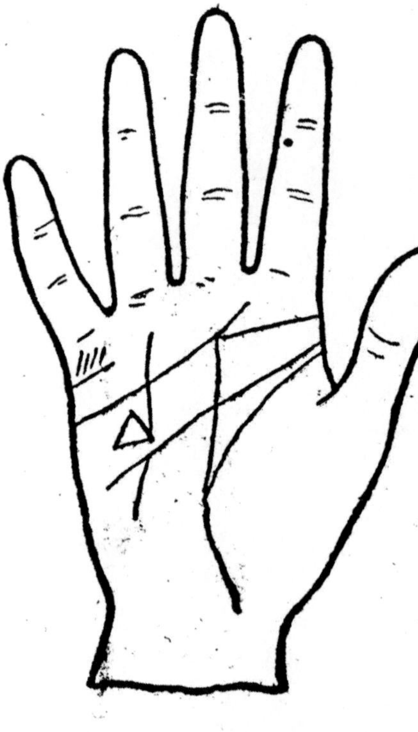

亞勿雷得手掌之特徵

亞勿雷得・史密斯

小傳

亞勿雷得・愛瑪耐爾・史密斯

Alfred Emanual Smith 之一生，遭際非常，至足耐人尋味。一八七三年生於紐約西區，家境寬裕，生活舒適，鄰舍多為長厚之平民。八歲父亡，家道中落，輟學作賣報童子，藉以貼補家用。後為魚市場童工。因所得不堪溫飽，且無發展希望，遂辭職他去，另謀出路。一八九五年於政界尋得書記位置，為作政治生涯之開始。一九〇三年當選國會議員，前後在議會共十二年，一九一一年及一九一二年為民主黨領袖。一九一三年任國會議長，在政府中為最有權力之一

紐約任期最久之州長，民主黨總統候選人——亞勿雷得．史密斯

行政才能三角——史密斯

ALFRED E. SMITH

員，貢獻甚大。一九一五年當選紐約市政府參議會主席。一九一八年任紐約州長，連任四屆，創空前紀錄；紐約自改州以來，已一百五十年，州長任期最久者，無一能及史密斯。一九二四年以民主黨候選人資格，出而競爭大選，以得票不多落選。彼之友人四出活動，準備參加一九二八年競選，不料屆時初選雖佔優勢，復選又告慘敗。近年銳意經商，並從事文藝工作，担任報館政治評論主筆，殊少實際政治活動。所作評論，關係全國安危，頗爲一般人士所注意。一九三二年主編新展望雜誌。該雜誌曾由齊都爾．羅斯福 Theodore Roosevelt 發行，歷史悠久，銷路極廣，得史密斯主持後，較前更有精彩云。

世界名人掌形附小傳

直覺智慧線

泰戈爾之掌有此線

〔明〕直覺智慧線發現於手之邊部，始自小指下，向手掌下方延伸，成半圓形；主有直覺智慧，表現於詩歌藝術哲學各方面。

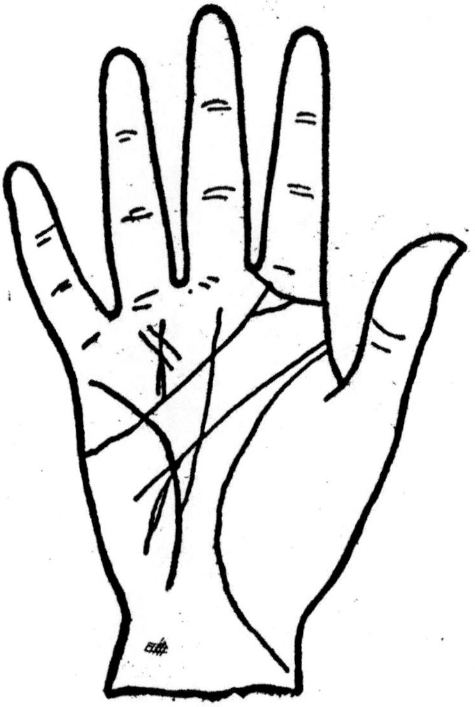

泰戈爾手掌之特徵

雷賓得來奈斯・泰戈爾小傳

雷賓得來奈斯・泰戈爾爵士 Sir Rabindranath Tagore 爲東方哲學家與詩人，多才多藝。印度精神文明之得爲西人了解，其介紹之功實不可沒。泰戈爾以爲全世界人類，在天地覆戴之間，日光照臨之下，當各有其生存權利，永度和諧之生活，爲世界幸福而努力。泰戈爾一八六一年五月六日生於加爾加答，全家俱係「聖哲」，夙爲印度士人所尊重與信仰。渠父雷賓得來・奈斯號稱「大聖」，雖逝世多年，迄今猶爲印人崇拜，於思想方面具莫大影響。泰戈爾幼受私人教育，十六歲赴英學習法律。未幾

印度詩人曾獲諾貝爾文學獎金——雷賓得來奈斯．泰戈爾

直覺智慧線——泰戈爾

RABINDRANATH TAGORE

回印，從事著述。一九〇一年創立國際學院作復古運動，命所有學員仿效印度舊禮，席地而坐，作參禪狀，恭聆教師講授；並廢除一切階級觀念，及宗教偏見。泰戈爾著述宏富，詩歌尤擅勝場，各文明國家均有譯本。一九一三年得諾貝爾文學獎金；開諾貝爾獎金委員會認識東方藝術之先河。一九一五年英格蘭政府授以爵士銜，其後數年，漫遊歐洲南北美洲及遠東各地，彼不獨以能詩知名世界，所撰歌曲譜入音樂者計三千支。渠在印度之地位不下於聖雄．甘地，而其表現東方文明與精神，有異曲同工之妙。現泰戈爾年力就衰，創作日少，然其溝通東西文化之功績，當永留世人記憶中云。

體力線

基尼・鄧奈之掌有此線

〔說明〕體力線在生命線內層，又稱雙重生命線，或稱保險線，主體質強壯，力大如牛。

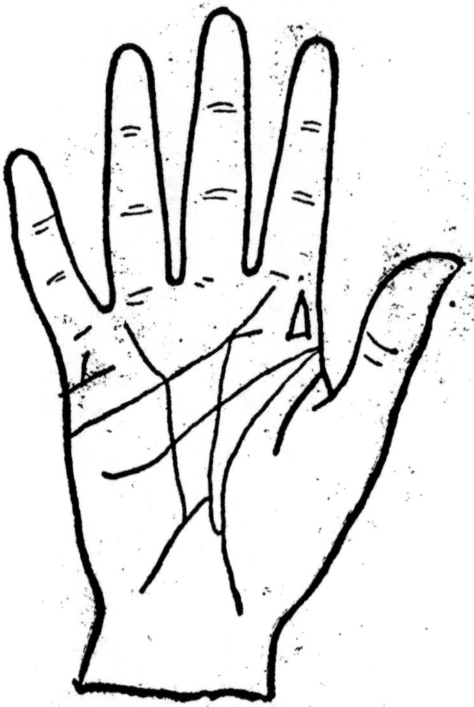

基尼・鄧奈手掌之特徵

基尼・鄧奈小傳

基尼・鄧奈 Gone Tunney

原名詹姆斯・約瑟・鄧奈，係世界著名之拳擊家。一八九八年五月二十五日生於紐約。父爲碼頭工人。少時肄業公立及教會學校。美國參加歐戰期內，爲汽船公司書記。繼投效海軍，在法參觀拳賽，因而發生興趣。加入美國拳賽選手團，於巴黎作輕量比賽，屢得錦標。回美爲職業的拳擊家，數敗名手。一九二六年十二月二十三日，擊倒當時名手賈克・單勃西 Jach Dempsey，全美驚。鄧肯於公開運動，本無若何熱烈之好感，徒爲生活所迫，不

曾爲常勝之拳擊家，現爲著作家及政治家——基尼・鄧奈

體力線——鄧奈

GENE TUNNEY

得不勉爲其難。彼鑒於拳賽若能獲勝，賺錢甚易，遂努力練習，益自淬勵，期在必勝。於此可見拳賽一道，半恃天賦之體力，半恃平日之鍛鍊，非僥倖可能成功。鄧奈沈默寡言，不善交際，不喜與觀衆作無謂之周旋；故其聲譽，反不若賈克・單勃西之喧騰衆口。年來脫離拳賽，致力於文學藝術音樂之欣賞及研究。交游多爲學者及知名之士，近且從事政治活動，漸爲社會所注目。鄧奈參加拳賽六十八次，僅敗北一次，暈場復賽三十五次。第二次擊敗賈克・單勃西，得獎金一百萬元，此鉅大之金額在美亦屬罕覯云。

世界名人掌形附小傳

預言天才三角

威爾斯之掌有此線

〔說明〕預言天才三角在手掌底部，成功線亦由此發叛向上衝，主富於理想，有預言天才。

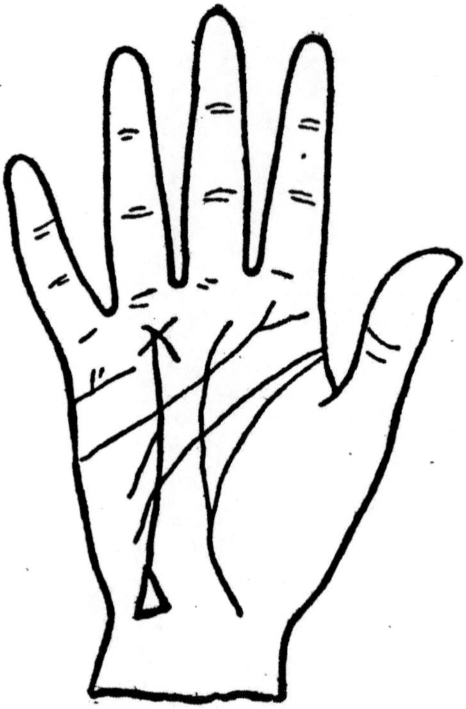

威爾斯手掌之特徵

赫爾白・喬治・威爾斯小傳

赫爾白・喬治・威爾斯 Herbert George Wells 為英國最偉大之著作家。一八六六年九月二十一日生於懇特。父為板球戲名手，開設瓷器店，資產小康。威爾斯受完全之學校教育，初在私立學校肄業，繼有志研究科學，入國立科學院，得生物學學位。曾在報館為新聞記者兼編輯職務，後始專門從事著述。第一部創作為時間規律，其後三十五年之間，每年平均刊行創作兩部。威爾斯著作有六十部之多。三分之二為小說。世界史綱為其扛鼎傑作，各國學校多數採為課本，視為最完善之歷史教材；價值之鉅，於此可見。所著理想小說，

英國最大之小說家及歷史家，所著世界史綱開歷史學之新途徑——赫爾白・喬治　威爾斯

預言天才三角——威爾斯

H. G. WELLS

光怪陸離，極神祕變幻之能事，但陳義甚高，且有科學根據，不獨爲普通人士所愛閱，即專門之科學家亦多奉爲純正深刻之科學預言。威爾斯於公共事業甚感興趣，同情社會主義，而未實際參加。著作收入每年約十萬元，世界史綱初刊時得版稅三十萬元。某大批評家論及威爾斯曰：『威爾斯始終堅持其成見，以爲世界人類迄未進化達於至善至美之程度，尚有待於改進。彼之作品內容特別着重「新世界」之敍述及描寫，非專爲某種人物或某一民族而創作。彼之目的在促進世界文明。』世界史綱出版後，續作現代經濟學鉅著人類之工作財富與快樂，又嘗與朱理安・赫胥黎 Julian Huxley 合著生命之科學觀云。

智力線

威爾遜總統之掌有此線

〔說明〕智力線在理智線末梢；結爲星狀形，主聰明超過一般人士。（掌上更有其他特徵從略）

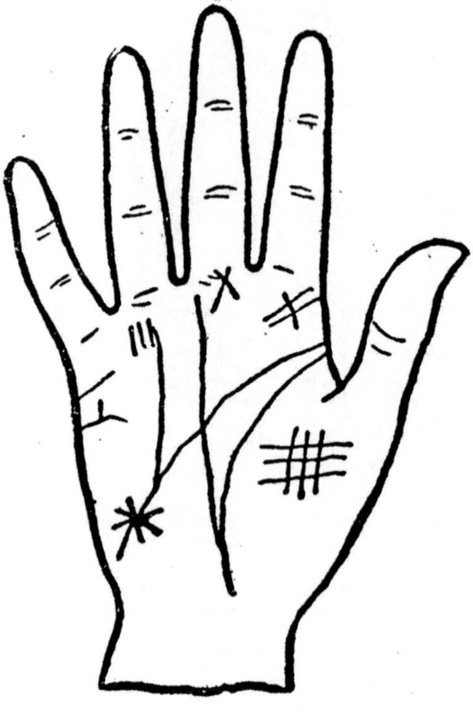

威爾遜總統手掌之特徵

烏得魯・威爾遜小傳

湯姆斯・烏得魯・威爾遜Thomas Woodrow Wilson爲美國有名總統，一生似悲劇之故事。一八五六年十二月二十八日生於維多尼河。父係長老會牧師，母亦爲牧師之後，其家庭富於宗教氣氛。兩歲時全家移住喬治亞，威爾遜之童年悉消磨於此。十七歲入大衞士登學院，一八七五年入勃林士登大學。初頗愛好文藝，著述宏富。傑作爲美洲民衆運動史及新自由釋義。繼在喬治亞充當律師，以某案發生糾紛，忿而脫離司法界。應瓊斯・霍勃金大學之聘，任特別講師。

美國戰時總統，其國際政治主張隨戰爭之結束而消失，其一生可謂以喜劇始，而以悲劇終——烏德魯．威爾遜

智力線——威爾遜

WOODROW WILSON

其後數年，在美國各著名大學，教授歷史政治經濟等學科，並任勃林士登大學校長。一九一一年當選新喬賽州長。一九一二年七月二日當選民主黨候選總統，同年大選獲勝，就大總統之職。迨歐戰終止，巴黎和會開幕，威爾遜爲發起人之一，名言讜論，四座心折，全世界爲之注目；聲譽之隆，蓋世無匹。一九二一年三月四日積勞病歿。威爾遜性好甯靜，律已甚嚴；不獨爲偉大之政治家及演說家，且爲著名之教育家與思想家。其於世界和平之努力，貢獻尤多；齎志以歿，殊堪痛惜云。

世界名人掌形附小傳

表演天才三脚架

奧立斯之手掌有此線

〔說明〕此三脚架發現於理智線終點，主有表演天才，宜於劇入生活。

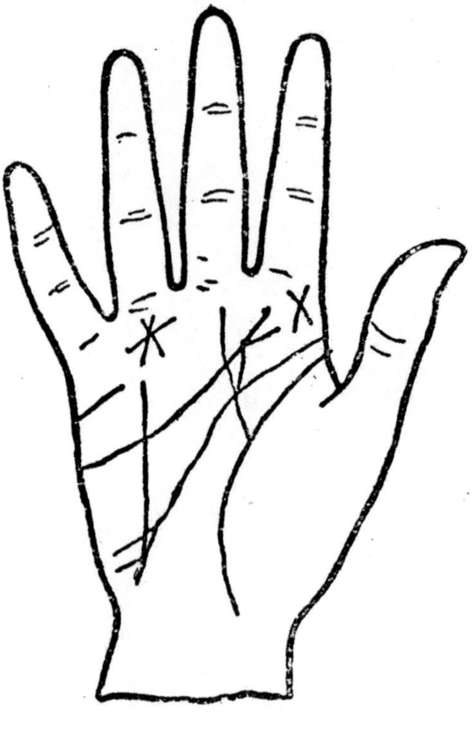

奧立斯手掌之特徵

喬治·奧立斯小傳

喬治·奧立斯 George Arliss 爲著名之優伶及電影明星。一八六八年四月十日生於倫敦白魯士勃萊 Bloomsbury。父爲印刷商兼出版家，無大成就，但性格幽默，道貌岸然，喜帶單眼鏡，「有白魯士勃萊公爵」之稱。奧立斯學校畢業後，助父經商一年，晚間研究戲劇表演。後即參加倫敦某劇院，公演傳奇劇「海上殘生 Saved from the Sea」，並曾主演音樂喜劇多種。繼至美國，名乃大噪，成就視在倫敦時爲大。表演比內維 Pinero，高爾斯華綏 Galsworthy 諸大名家

名優兼作家——喬治・奧立斯

表演天才三腳架——奧立斯

GEORGE ARLISS

傑作，精彩百出，兼以配角得人，有牡丹綠葉之妙，名利雙收，創舞台表演之新紀錄。美國電影商震其盛名，聘之爲基本演員，曾主演有聲電影狄士雷利 Disraeli，一九二九年得優等電影金質獎章。

奧立斯非美於姿容，而以表演刻劃個性，喜怒哀樂之表情，出於自然，毫無做作之態；且舉止動作，無一不與劇中人物之身份相合。

彼之性情與一般英格蘭人有類似之處，亦好緘默，不尙誇張。暇時喜瀏覽書籍，間亦從事著述。好著華美麗之服裝，生活奢侈，惟單眼鏡無時或去，尙有父風云。

擅長線

白賴茂爾之掌有此線

〔說明〕此線自手掌邊部上升，止於四指基部，主有擅長才能，知名全世界。白賴茂爾於戲劇一道扮演所任之脚色，揣摩盡致，妙到秋毫，良非無因。

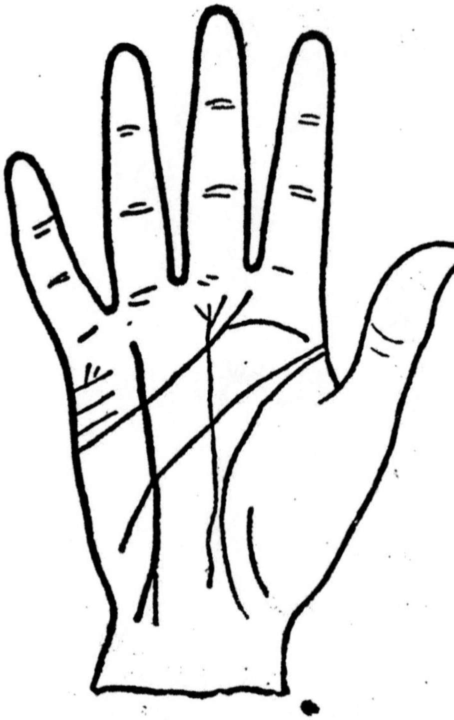

白賴茂爾手掌之特徵

約翰・白賴茂爾小傳

約翰・白賴茂爾 John Barry-more 係名伶及電影名星，一八八二年二月十五日，生於非力得爾菲亞 Philadelphia，伶工世家子。父名毛列士・白賴茂爾 Maurice Barrymore，母喬琪娜・得露 Georgiana Drew，為名優約翰・得露 John Drew 之妹。約翰・白賴茂爾幼時有志作藝術家，入倫敦某校專攻藝術，後改進紐約藝術學生同志會，未幾退出。年未二十，担任紐約兩家報館特約撰稿員，無赫赫名。二十十一歲，在紐約芝加哥各大戲院出演。繼往英奧，兩國旅行，沿途表演，乃備受各

優伶世家子——約翰・白賴茂爾

禮長線——白賴茂爾

JOHN BARRYMORE

地人士之歡迎。弟妹等亦分飾要角。數年後，由歐洲返美，在紐約主演高爾斯華綏之公平 Justice，託爾斯泰之拯救 Redemption，莎氏比亞之哈姆雷特 Hamlet。名劇名伶，二美具備，哄動一時。哈姆雷特在紐約一地，續演至一百零一次，突被愛得溫・波士 Edwin Booth 造成之紀錄。自一六〇〇年以後，善於搬演莎翁名劇之優人，當推約翰・白賴茂爾首屈一指。最後彼放棄舞台生活，加入電影界，復成光芒萬丈之巨星。彼續娶多樂莉・谷士狄羅 Dolores Costello 亦為電影明星，名伶毛列士・谷士狄羅 Maurice Costello 之女，可謂嘉耦天成矣。

世界名人掌形附小傳

利人線

達勃士之掌有此線

〔說明〕利人線又稱博愛線，自手邊，在小指下，通過手掌，岔爲二支，一在食指下，一在食指與中指之間；主有利濟人羣之心，不惜犧牲個人，爲全世界人類造福。

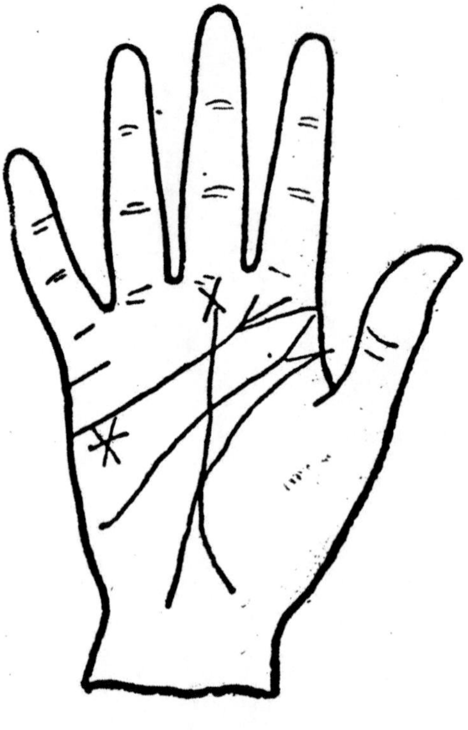

達勃士手掌之特徵

阿基尼・菲・達勃士

小傳

阿基尼・菲・達勃士Eugene Victor Debs爲美國社會運動之領袖。一八五五年十一月五日生。幼受普通教育。脫離學校後，服務社會，猶不廢讀書，勤奮與少年學生時代無異。初爲鐵路火夫，商店職員。一八八五年當選印第安那Indiana立法院委員，同時主持工人運動。一八九三年至一八九七年任職聯美鐵道公司。後因發動罷工去職，當局

美國社會主義中堅份子——阿基尼·非·達勃士

利人線——達勃士

EUGENE V. DEBS

提起公訴，控告其結黨暴動，妨礙秩序，被判徒刑六月。禁錮期內，國會議員中之左傾份子，特往探視；接談數次，彼對社會主義發生信仰，變爲社會主義之忠實信徒。出獄後，爲美國社會主義團體之領袖人物。彼之政治主張，爲一般美國人士所深惡痛絕，但對其個人之人格，操守，則表示敬佩之意。彼在政治界頗有地位，曾屢任社會主義派總統候選人。一九一八年，從事反戰活動，被判十年徒刑；但不久即經哈定總統下令特赦云。

掌形一似鑄定人生遭遇之寫真；然則掌形稱佳者，便可安待幸福之來臨乎？掌形之醜陋者，決定命運為可悲，其寄怨於天乎？不然也！世無不耕而待穫者，世亦無耕而不穫者，凡耕則有穫，所異者不皆等耳。厚我在天，律我在自；謀事在人，成事在天；盡人事而聽天，此為掌形哲學之又一義。

萍客

掌形哲學

中華民國三十年一月初版

實價拾元
一律收香港幣

特告

本書有法定權益不許翻印
且不得抽取章節移刊轉載

著作者 余萍客

出版者 上海心靈科學書局

發行處

心靈科學書局

上海靜安寺路斜橋弄四十二號

MENTAL SCIENCE BOOK CO.

42 Lave Lane, Bubbling Well Road

SHANGHAI

外向命理　指紋三角術

指紋成熟，早在先天，世間無兩人相同者，一生亦不能改變其形態，雖父母子女亦不相似。若以歸納法繩之，則凡人之指紋皆有共同之特徵存在，此項特徵，乃是個性表現之符號。

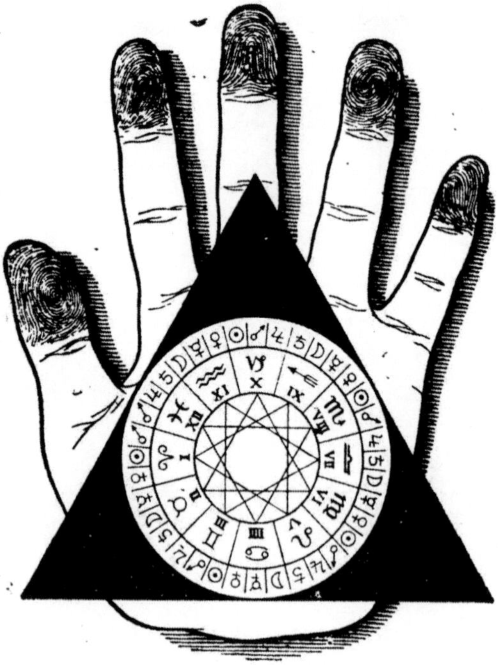

生辰：乃後天之開始，即直接受時輪支配之發端。

指紋爲動原，時輪爲動暫，介在之四式三角乃爲動向，三者之融合，則有消失與產生，形成一種新趨勢，此可譬於指紋三角術演繹之搆成。

指紋三角術之活用，乃指導吾人發揮個性之長，克制個性之短，從而求得人生與大自然相一致之和諧（精神）與振動（物質）之方法也。

人生何所求？不外需要「適於生存條件」而已。但適於生存者至少要有精神上之慰安與肉體上之健全兩個原則之存在。然而求得兩原則之無缺憾，實非易事。蓋不與大自然之律動協合，無由倖致也。換言之：人與大自然協調則事事成功，不與之協調，則事事相左，可以斷言。是則吾人與大自然之溝通，捨「指紋三角術」其無由矣！余萍客先生爲「指紋三角術」世界四名家之一，其高足余明德先生主理應酬各界之關於「指紋三角術」之一切文件。

收件處上海由本書局轉。香港請交到德輔道中一四六號鴻翔服裝公司代致可也。

廣告

何時期才是鴻運高照，何時期竟會弱運臨頭！

那一件事於你有利，那一件事於你有害！

誰人能幫助你成功，誰人會和你倒蛋！

你的對象該具何種條件才稱嘉偶！

那天是你希望最大的日辰！

碰值某一個數目直接或間接能增加你的入息！

接近某一種顏色直接或間接會增加你的快樂！

你應該執何種業務！

你慎防何項疾病與意外！

有子弟的更該要知道他的個性如何，以定教育方針及入行門徑！

指紋三角術可推演得之。

每造推演費廿元（推定書一本，墨筆寫成凡數千言）

收件處：

上海靜安寺路斜橋弄42號心靈科學書局

香港德輔道中一四六

鴻翔婦女服裝公司

姓名　　性別　　今年　　歲

歷　年　月　日生

左拇指	左食指	左中指	左四指	左小指
右拇指	右食指	右中指	右四指	右小指

請照樣自製表格，塡上姓名，性別，男女）與生辰（陰陽歷皆可）及分別將左右兩手十指末節之各個指紋染紅印泥或油墨捺印在表格上，於捺印指紋時，最好將指頭輕輕迴轉，則整個指紋可完全顯出。待評定之後便將原表格附貼在推定書內發還。不願將指紋捺出者可先將指紋捺在別紙，而將其形狀用筆描寫在表格內。描寫雖不用逼眞，但形狀要相似。

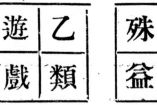

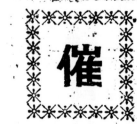

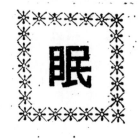

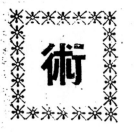

書

電鏡催眠法

▲電鏡催眠法，是研究催眠術成功入門的捷徑！

▲電鏡催眠法，是超出一切的催眠法！

▲電鏡催眠法，書價廉而時間經濟！

▲電鏡催眠法，已有二萬餘的成功者，今還在積極地增加着！

▲催眠術界之有電鏡，可比於軍隊裏之有坦克車！

▲電鏡催眠法，是學不成催眠術者的還陽散！

▲電鏡催眠法一書，迭次增廣版本，是設計完成催眠術新教法的「圜週教授法」！

▲電鏡催眠法，一再翻版十五次，牠的銷路可想而知！

▲催眠集團裏任何人，應備有一份「電鏡催眠法」！

「電鏡催眠法」者，即催眠術宗師余萍客傑作之一，而爲初學催眠術者入門的捷徑，凡讀此書，僅費數小時，便能依法使用電鏡，迅速地把他人催眠去，立可獲得上說「甲類的殊能」和「乙類的遊戲」種種的功用。所謂「電鏡」，不是借用普通電流及乾電池，乃是人身交感的電，電源不絕，永久不用補充，保證安全，毫無危險。全書二百五十頁，插圖五十四張，布面烙金精裝一本，附同「電鏡」一臺，實價大洋六元。

朋友們除非不願意習催眠術，如果願意學習催眠術的話，那末，比同敲門磚一樣好用的電鏡催眠法，應該首先學習，這是我們忠實的指導！

袖珍基本

比函授還自由　比面授更便利

催眠術通信講座

余萍客著

學催眠術者動費百數十金，歷時數月以至一載才得成功，當此世界戰爭未已的年頭，既不能作長時間的研究。亦無多耗金錢之可能，求催眠術之不中替，能普遍的進展，唯有變更其傳習路線，從事於提倡「基本催眠術」之一途！

「基本催眠術」云者，乃催眠學全部最健全的成分，經世界名家公認的一種催眠術。讀基本催眠術一天，可以追得上普通一個月研究的功課，因其本身具備一種伸縮性及一種啓發性之故，此即為基本催眠術之最大特色！

習「基本催眠術」代價少，而收效多，既合於經濟原理，尤適於現代社會情形，我們值得來提倡牠！

【省時】普通而論，用功三個月至一年可才以學得成功，但習基本催眠術者，一星期便可學成。

【省錢】祗出最低廉的代價，比於出百數十元之學費之所得相等。

【省腦】依書依圖就可試驗，不費腦力。

【有時代化】近年國際一致提倡基本催眠術。

【名家手筆】余萍客氏為我國最重望的催眠術家，讀其著作成功者數萬人。

【內容完備】設計編輯，材料富足圖式清楚。

【版本美麗】紙料貴潔，橫開本，布面精裝，烙金，用五號活體鉛字縮刷，可放衣袋內隨身攜帶。

〔版本〕縮本精裝布面烙金一本縱三英寸寬五英寸厚四分之三寸

〔定價〕四元

〔郵費〕郵費掛號費內地三角外洋一元

發行處　上海靜安寺路斜橋衕四二號　心靈科學書局

廣告

呼吸哲學（布面烙金）	三元
靈明法	一元
千里眼	二元
神通入門	一元
催眠百大法	五元
安眠術	二元
健腦法	二元
催眠問答	一元
精神游戲	二元
羅倫催眠二十五課	二元
靈力發顯術	二元
靈力拒病論	一元
人電術	二元
催眠療病學	二元
二十五派精神療法	二元
自己治病法	一元
太靈道	二元
新靈子術（布面烙金）	五元
桌子浮揚現象	一元
動物催眠法	一元
神經衰弱治療法	一元
精神統一法	一元
心靈光	八角
十日成功催眠祕書	三元
倫敦學理院催眠術譯本	三元
自己暗示法	一元
强身功行二十派	一元
古屋催眠術	二元
印度催眠淺講	八角
催眠實用學	一元五角
心理戒烟法	二元
變態心理	一元
犯罪心理	一元
羣衆心理	一元
心靈學	一元
心靈文化	一元
自己催眠器	四十元
百靈舌	精製十元 普通五元
印度魔術	四元
化學魔術	五元

占筮類			
1	擲地金聲搜精秘訣	心一堂編	沈氏研易樓藏稀見易占秘鈔本
2	卜易拆字秘傳百日通	心一堂編	
3	易占陽宅六十四卦秘斷	心一堂編	火珠林占陽宅風水秘鈔本
星命類			
4	斗數宣微	【民國】王裁珊	民初最重要斗數著述之一；未刪改本
5	斗數觀測錄	【民國】王裁珊	失傳民初斗數重要著作
6	《地星會源》《斗數綱要》合刊	心一堂編	失傳的第三種飛星斗數
7	《斗數秘鈔》《紫微斗數之捷徑》合刊	心一堂編	珍稀「紫微斗數」舊鈔秘本
8	斗數演例	心一堂編	
9	紫微斗數全書（清初刻原本）	題【宋】陳希夷	斗數全書本來面目；有別於錯誤極多的坊本
10－12	鐵板神數（清刻足本）——附秘鈔密碼表	題【宋】邵雍	無錯漏原版　秘鈔密碼表　首次公開！
13－15	蠢子數纏度	題【宋】邵雍	蠢子數連密碼表　打破數百年秘傳　首次公開！
16－19	皇極數	題【宋】邵雍	清鈔孤本附起例及完整密碼表　研究神數必讀！
20－21	邵夫子先天神數	題【宋】邵雍	附手鈔密碼表　研究神數必讀！
22	八刻分經定數（密碼表）	題【宋】邵雍	皇極數另一版本；附手鈔密碼表
23	新命理探原	【民國】袁樹珊	子平命理必讀教科書！
24－25	袁氏命譜	【民國】袁樹珊	
26	韋氏命學講義	【民國】韋千里	民初二大命理家南袁北韋
27	千里命稿	【民國】韋千里	
28	精選命理約言	【民國】韋千里	北韋之命理經典
29	滴天髓闡微——附李雨田命理初學捷徑	【民國】袁樹珊、李雨田	命理經典未刪改足本
30	段氏白話命學綱要	【民國】段方	民初命理經典最淺白易懂
31	命理用神精華	【民國】王心田	學命理者之寶鏡

32	命學探驪集	【民國】張巢雲	發前人所未發 稀見民初子平命理著作
33	澹園命談	【民國】高澹園	
34	算命一讀通——鴻福齊天	【民國】不空居士、覺先居士合纂	
35	子平玄理	【民國】施惕君	
36	星命風水秘傳百日通	心一堂編	
37	命理大四字金前定	題【晉】鬼谷子王詡	源自元代算命術
38	命理斷語義理源深	心一堂編	稀見清代批命斷語及活套
39-40	文武星案	【明】陸位	失傳四百年《張果星宗》姊妹篇 千多星盤命例 研究命學必備
相術類			
41	新相人學講義	【民國】楊叔和	失傳民初白話文相術書
42	手相學淺說	【民國】黃龍	民初中西結合手相學經典
43	大清相法	心一堂編	重現失傳經典相書
44	相法易知	心一堂編	
45	相法秘傳百日通	心一堂編	
堪輿類			
46	靈城精義箋	【清】沈竹礽	沈氏玄空遺珍 玄空風水必讀
47	地理辨正抉要	【清】沈竹礽	
48	《玄空古義四種通釋》《地理疑義答問》合刊	沈瓞民	
49	《沈氏玄空吹虀室雜存》	【民國】申聽禪	
50	漢鏡齋堪輿小識	【民國】查國珍、沈瓞民	
51	堪輿一覽	【清】孫竹田	失傳已久的無常派玄空經典
52	章仲山挨星秘訣（修定版）	【清】章仲山	章仲山無常派玄空珍秘 門內秘本首次公開
53	臨穴指南	【清】章仲山	
54	章仲山宅案附無常派玄空秘要	心一堂編	沈竹礽等大師尋覓一生未得之珍本！
55	地理辨正補	【清】朱小鶴	玄空六派蘇州派代表作
56	陽宅覺元氏新書	【清】元祝垚	簡易・有效・神驗之玄空陽宅法
57	地學鐵骨秘 附 吳師青藏命理大易數	【民國】吳師青	釋玄空廣東派地學之秘
58-61	四秘全書十二種（清刻原本）	【清】尹一勺	玄空湘楚派經典本來面目 有別於錯誤極多的坊本

62	地理辨正補註　附　元空秘旨　天元五歌　玄空精髓　心法秘訣等數種合刊	【民國】胡仲言	貫通易理、巒頭、三元、三合、天星、中醫
63	地理辨正自解	【清】李思白	公開玄空家「分率尺、工部尺、量天尺」之秘
64	許氏地理辨正釋義	【民國】許錦灝	民國易學名家黃元炳力薦
65	地理辨正天玉經內傳要訣圖解	【清】程懷榮	秘訣一語道破，圖文并茂
66	謝氏地理書	【民國】謝復	玄空體用兼備、深入淺出
67	論山水元運易理斷驗、三元氣運說附紫白訣等五種合刊	【宋】吳景鸞等	失傳古本《玄空秘旨》《紫白訣》
68	星卦奧義圖訣	【清】施安仁	三元玄空門內秘笈　清鈔孤本 過去均為必須守秘不能公開秘密 與今天流行飛星法不同
69	三元地學秘傳	【清】何文源	
70	三元玄空挨星四十八局圖說	心一堂編	
71	三元挨星秘訣仙傳	心一堂編	
72	三元地理正傳	心一堂編	
73	三元天心正運	心一堂編	
74	元空紫白陽宅秘旨	心一堂編	
75	玄空挨星秘圖　附　堪輿指迷	心一堂編	
76	姚氏地理辨正圖說　附　地理九星并挨星真訣全圖　秘傳河圖精義等數種合刊	【清】姚文田等	蓮池心法　玄空六法 門內秘鈔本首次公開
77	元空法鑑批點本——附　法鑑口授訣要、秘傳玄空三鑑奧義匯鈔　合刊	【清】曾懷玉等	
78	元空法鑑心法	【清】曾懷玉等	
79	曾懷玉增批蔣徒傳天玉經補註【新修訂版原（彩）色本】	【清】項木林、曾懷玉	
80	地理學新義	【民國】俞仁宇撰	揭開連城派風水之秘
81	地理辨正揭隱（足本）　附連城派秘鈔口訣	【民國】王邈達	
82	趙連城傳地理秘訣附雪庵和尚字字金	【明】趙連城	
83	趙連城秘傳楊公地理真訣	【明】趙連城	
84	地理法門全書	仗溪子、芝罘子	巒頭風水，內容簡核、深入淺出
85	地理方外別傳	【清】熙齋上人	巒頭形勢、「望氣」「鑑神」
86	地理輯要	【清】余鵬	集地理經典之精要
87	地理秘珍	【清】錫九氏	巒頭、三合天星，圖文並茂
88	《羅經舉要》附《附三合天機秘訣》	【清】賈長吉	清鈔孤本羅經、三合訣法圖解
89－90	嚴陵張九儀增釋地理琢玉斧巒	【清】張九儀	清初三合風水名家張九儀經典清刻原本！

91	地學形勢摘要	心一堂編	形家秘鈔珍本
92	《平洋地理入門》《巒頭圖解》合刊	【清】盧崇台	平洋水法、形家秘本
93	《鑒水極玄經》《秘授水法》合刊	【唐】司馬頭陀、【清】鮑湘襟	千古之秘，不可妄傳匪人
94	平洋地理闡秘	心一堂編	雲間三元平洋形法秘鈔珍本
95	地經圖說	【清】余九皋	形勢理氣、精繪圖文
96	司馬頭陀地鉗	【唐】司馬頭陀	流傳極稀《地鉗》
97	欽天監地理醒世切要辨論	【清】欽天監	公開清代皇室御用風水真本
三式類			
98-99	大六壬尋源二種	【清】張純照	六壬入門、占課指南
100	六壬教科六壬鑰	【民國】蔣問天	由淺入深，首尾悉備
101	壬課總訣	心一堂編	過去術家不外傳的珍稀六壬術秘鈔本
102	六壬秘斷	心一堂編	
103	大六壬類闡	心一堂編	
104	六壬秘笈——韋千里占卜講義	【民國】韋千里	六壬入門必備
105	壬學述古	【民國】曹仁麟	依法占之，「無不神驗」
106	奇門揭要	心一堂編	集「法奇門」、「術奇門」精要
107	奇門行軍要略	【清】劉文瀾	條理清晰、簡明易用
108	奇門大宗直旨	劉毗	天下孤本　首次公開
109	奇門三奇干支神應	馮繼明	虛白廬藏本《秘藏遁甲天機》
110	奇門仙機	題【漢】張子房	奇門不傳之秘　應驗如神
111	奇門心法秘纂	題【漢】韓信（淮陰侯）	
112	奇門廬中闡秘	題【三國】諸葛武候註	
選擇類			
113-114	儀度六壬選日要訣	【清】張九儀	清初三合風水名家張九儀擇日秘傳
115	天元選擇辨正	【清】一園主人	釋蔣大鴻天元選擇法
其他類			
116	述卜筮星相學	【民國】袁樹珊	民初二大命理家南袁北韋
117-120	中國歷代卜人傳	【民國】袁樹珊	南袁之術數經典